卷首语

20世纪初的新疆是各方势力争夺势力范围角逐的焦点，特稿《1915，赛克斯在新疆》介绍了民国初年英国探险家珀西·赛克斯在新疆的活动及其记录的一百年前的风土人情。《章乃器：从银行练习生到君子》呈现七君子之一的章乃器的早期经历。

《赵堂子胡同朱启钤故居》系朱启钤后人撰文介绍这位营造学社创始人的故居，首度披露珍贵影像。东北抗联后人撰文《神秘的88旅》，呈现抗联88旅这支东北抗战史上重要力量的传奇历史。《工部局大楼的前世今生》介绍了上海原公共租界工部局大楼的历史演变。

《我们没有祖国》回忆了伪满时期在大连的“亡国奴”生活。都市计划委员会系新中国成立初期北京重要的城市规划机构，《都委会往事》首度披露都委会当时的生活和工作，留下重要的历史切片。《难忘的1949》则以一个小孩的视角，记录七十年前的巨变对一户普通家庭的影响。《回忆上海美专院系调整》则以亲历者的视角，回顾七十年前那场深刻影响中国高等教育走向的重要事件。

《一个邬达克学徒的生涯》介绍一个建筑学徒的经历。《我的大伯费穆》则以亲属的视角回忆著名导演费穆的人生。《我的波兰祖母华罗琛》介绍了著名土木工程师和教育家华南圭波兰籍妻子的生平。《此情可待成追忆》回忆一个母亲的不平凡人生。《赵良翰在沅陵》则回顾了著名画家赵良翰抗战时期在湘西沅陵的活动。

《1920，杜威博士的南通之行》详细介绍了一百年前著名学者杜威到访南通的过程，重返当年的历史现场。《1950，南下上海》回顾了七十年前东影美工组南下上海，重新开启上海美术电影发展新阶段的重要历程。

《曾宝荪和艺芳女中》则介绍了大时代转折时期的湖湘名校艺芳女中及其创办人曾宝荪的跌宕人生。《隐现的圣光：石美玉、康成的传奇伟业》介绍两个早期女留学生的经历和贡献。

更多精彩，敬请期待……

图书在版编目(CIP)数据
《民间影像》(第十辑)/胡庆超著.
上海：同济大学出版社，2021.1
ISBN 978-7-5608-9754-7
Ⅰ. ①民… Ⅱ. ①胡… Ⅲ.①社会生活－史料－中国 Ⅳ. ①D669
中国版本图书馆CIP数据核字(2021)第006298号

《民间影像》(第十辑)
出版策划 萧霏霏(xff66@aliyun.com)
责任编辑 陈立群(clq8384@126.com)
视觉策划 育德文传
装帧设计 昭　阳
电脑制作 宋　玲　唐　斌
责任校对 徐春莲

出　　版 同济大学出版社www.tongjipress.com.cn
发　　行 上海市四平路1239号　邮编 200092　电话 021-65985622
经　　销 全国各地新华书店
印　　刷 上海丽佳制版印刷有限公司
成品规格 170mm×213mm　256面
字　　数 270000
版　　次 2021年1月第1版　2021年1月第1次印刷
书　　号 ISBN 978-7-5608-9754-7
定　　价 68.00元

目录

特稿

它们

我们

他们

现场

影像笔记

1915年，赛克斯在新疆

周 珞

这本精致的相册，摄影珀西·赛克斯(Sir Percy Moleworth Sykes, 1867～1945)，内容是1915年4月到11月间新疆南部的风景和人物。每张照片下均有字迹优美的标注，应是摄影者最喜爱的作品。这位赛克斯是何许人，为何此时来到新疆？

赛克斯一生到过中亚很多地方，他所著《波斯史》(*A History of Persia*)是有关波斯历史最早的英语著作。其《波斯万里行》(*Ten Thousand Miles in Persia*)也是最早全面介绍波斯地理、文化、风俗的游记之一。1899年，皇家地理学会授予他巴克奖章(Back Award), 表彰其在地理学方面的杰出成就。1902年该学会还向其颁发了学会最高荣誉金奖(Patron's Medal), 表彰他在波斯的多次探险旅行和对波斯本土探险家们的帮助。

1867年，珀西·赛克斯出生在英国肯特郡，是家中独子，父亲是军中牧师。他自桑德赫斯特皇家军事学院 (Royal Military Academy, Sandhurst)毕业后从军，不久被派驻印度。其间他学习并掌握了波斯语，几次到过伊朗、巴基斯坦和阿富汗一带。随后十几年中，他大多在海外执行任务，两次获得晋升。第二次布尔战争期间，他任副营长三年。1902年被调回印度，随后在伊朗胡齐斯坦省(Khuzestan Province)出任英国总领事。之后几年，赛克斯在中东广泛旅行。

清朝建立以来，对新疆的管理措施，以天山为界，南北不同。北部主要应对蒙古准噶尔部。准噶尔大汗噶尔丹策零(Galdan Tseren, 1695～1745)因病去世后，两个儿子争夺汗位，混乱中达瓦齐 (Dawachi) 在噶尔丹策零的女婿阿睦尔撒纳(Amursana，1723～1757)支持下自立为准噶尔大汗。不久两人反目，1754年11月阿睦尔撒纳投奔清廷，乾隆帝赶到避

相册

暑山庄见了他。1755年，乾隆决定出兵准噶尔，并任命阿睦尔撒纳为定边左副将军，进攻驻扎伊犁的达瓦齐。清军一路所向披靡，不久就抓获达瓦齐。阿睦尔撒纳随即向乾隆请封为大汗，遭拒绝后反叛并逃亡俄国，后病死在那里，1759年达瓦齐在北京病逝。清政府平定准噶尔后，释放了曾参与其中的霍集占兄弟。但他们随后招兵买马，占领了南疆一大片地区，直到两年后的1759年清政府才彻底平定了这次所谓的大小和卓之乱。至此，乾隆彻底解决了困扰清朝六十多年的准噶尔问题。北疆于是设立官署实行军屯，设置郡县，与内地情况渐渐接近。南疆是回部所居之地，人口较北疆密集，文化风俗也大不相同。清政府在这里延续了回部旧制，采用伯克(Beg)制来管理当地人，管理多依照伊斯兰教规而非国家法令。清政府在南疆实行汉回分居的管理方式，满人、蒙人和藏人地位明显高于回人和汉人，和卓地位远不及蒙古王公。久而久之，南疆大小和卓的后裔便越来越不满意。

1864年新疆各地回族和维吾尔族相继爆发叛乱。次年，喀什噶尔回部向临近的浩罕汗国求助，浩罕可汗派阿古柏 (Yakub) 率军入疆支援。阿古柏是塔吉克人，是浩罕汗国伯克。阿古柏入南疆后，逐渐占领整个地区并建立了政教合一的哲德沙尔汗国，随后改为毕杜勒特汗国，自封埃米尔(Emir) 。阿古柏在南疆建立政权时，俄国正在中亚扩张，1866年双方订立互不相犯协议。不久阿古柏原先的浩罕汗国受到俄国入侵的威胁，阿古柏与俄国交恶，转与英国通好，得到印度的英国总督支持，向他赠送军火。1871年俄军占领伊犁，随后承认了阿古柏汗国，阿古柏也答应俄国和南疆地区通商。1874年阿古柏和英国也签订了通商协议，积极发展与英属印度的贸易。此时清政府历经两次鸦片战争，国力大不如前。李鸿章主张优先处理“海防”问题，而左宗棠则坚持“塞防”最重要。慈禧太后接受其“剿抚兼施，一了百了”的建议，于1876年派左宗棠挂帅出征新疆。清军很快收复了迪化(今乌鲁木齐)、喀什噶尔、和阗(今“和田”)等地，次年清军就将阿古柏势力攻灭，1881年迫使俄国放弃伊犁，彻底恢复了对新疆的控制。1884年底，新疆改建行省，废止伯克制，设置巡抚布政使各一名，受甘肃省节制。新疆省内设4个道区，分别是镇迪(管辖迪化、吐鲁番、哈密等地)、伊塔(管辖伊犁和塔城地区)、阿克苏和喀什噶尔。

19世纪英国与沙俄进入了争夺中亚控制权的“大博弈”，争夺在中亚甚至更广泛亚洲地区的政治和经济主导权。喀什噶尔位于帕米尔高原中国一侧山脚下，这个沙漠绿洲成了这两个帝国争夺的前沿阵地。喀什噶尔地区西面是强大的沙俄，南面是英属印度。这里位于清帝国最西端，与中央联系十分困难。实际上，喀什噶尔地区和俄罗斯的贸易是当地商人最方便最主要的商业活动。俄国人在新疆经营较早，在伊犁建立了第一个领事馆。1852年俄国驻伊犁领事到任，次年领事馆落成。几乎同时落成的还有塔城俄领馆。之后两处领馆虽几度被毁，但又重建。1882年俄国在喀什噶尔开始建立领事馆，起初使用临时民房，1893年兴建了正规领馆，之后这里升级为总领事级。彼得罗夫斯基任总领事，直到1903年退休。

英国担心沙俄在该地区的渗透和扩张损害其利益，1890年英属印度政府派遣荣赫鹏(Francis Younghusband, 1837～1942) 带着翻译马继业 (George Halliday MaCartney，1867～1945) 到新疆探查。马继业母亲是中国人，父亲是英国驻华外交官马格里(Halliday Macartney, 1833～1906) 爵士。他在南京出生，10岁返回英国，汉语流利，这次陪伴荣赫鹏来到新疆。两人先到喀什噶尔，接着用两个月时间走遍帕米尔高原，很好地填补了对这一地区的地理认识。入冬后，两人回到喀什噶尔，获清政府允许他们在那里过冬并为其提供住所。荣赫鹏与新疆道台协商，希望清政府尽快对新疆最西端的帕米尔高原宣示主权，并派兵驻守，以便截住俄军南下。彼得罗夫斯基很快获知此事，报告沙皇后，俄国向帕米尔派兵，并先于清兵到达那里驻扎。

荣赫鹏次年离开，马继业作为英国驻喀什噶尔代表，单独留在那里。他明面上照拂当地的英籍印度属民，暗地里监视俄国人在当地的各种活动。马继业熟悉汉人的生活和礼仪，因此和喀什噶尔噶尔道道员及其他官员关系不错。直到1908年英国才在喀什噶尔建立领事馆，马继业是首任领事。1911年领馆升级为总领事馆，他成为总领事。

1911年2月底，袁大化(1852～1936)在迪化就任新疆巡抚。他早年在漠河一带跟沙俄打过交道，办事出色，得到李鸿章赏识。他到任新疆后保举杨增新(1864～1928)任镇迪道道台兼提法使。这一年底，辛亥革命爆发，革命党人在伊犁响应，杨缵绪任革命军总指挥，在圣诞节起义。袁大化起初积极讨伐，但不久宣统皇帝宣布退位，他心灰意冷称病辞职。后来袁世凯去电挽留，袁大化又同起义军开战，直到1912年3月初中央政府电令双方停战议和。后来虽有小范围战事，终究大势已去。袁大化4月逃离新疆，后病逝天津。他逃离新疆时保荐杨增新为新疆都督。

喀什噶尔的英国领事馆

杨增新是云南人，1889年考中进士，他多年在甘肃任职，政绩优越，并积累了治军经验。1907年，杨增新被举荐为新疆陆军学堂总办，后授任阿克苏兵备道。其名字第一次出现在马继业的报告中是作为袁巡抚的“外事负责人”。杨把伊犁起义的情况告诉喀什噶尔道台，并嘱其告知俄国和英国总领事，不要承认起义军。此时驻喀什噶尔俄国总领事索科夫 (Vasili Nikolaevich Sokolov, 1883～1938)马上向圣彼得堡报告并要求派兵保护领馆。马继业也向印度的英国总督发出了类似要求。1912年6月圣彼得堡派750多人军队来到喀什噶尔保护俄国领馆，而马继业的请求被印度英属政府拒绝。马继业在其报告中强调俄国人利用这次政权转换军事介入南疆。他一面不断向英国政府报告，一面积极和道台合作，叮嘱他避免给俄国人提供派遣更多军队的理由。英国的印度事务部认为英国不能直接卷入俄国在喀什噶尔的行动，因为此时其注意力在西藏，并希望在西藏问题上得到俄国支持。在与伊犁起义军对战时，杨增新向袁大化建议招募迪化当地回民青年，组织一支回族队伍。建议被采纳后，他很快成立了回队五营。袁大化催促杨增新出兵伊犁时，杨有意拖延，没有及时出兵。袁大化逃离新疆后，杨增新开始与伊犁起义军谈判，双方决定暂时联合对付俄国。杨得到大家承认，伊犁临时革命政府随即解散，北洋政府在1912年3月正式任命杨增新为新疆都督。1913年1月伊犁起义总指挥杨缵绪来到喀什噶尔，成了这里的新提督。

1911年底，外蒙活佛哲布尊丹巴呼图克图乘新疆政权更替，得到沙俄鼓动，在库伦宣布蒙古独立。次年派兵攻占科布多 ，并准备占领阿尔泰。杨增新清楚阿尔泰地区是新疆北部门户，得失关系全疆安危。他积极派兵前往守卫，起初打算收复科布多，后因内部各种权利纷争及俄国的各种外交阻拦，转为坚守阿尔泰，成功阻止了俄国对北疆的侵略企图。清末民初时阿尔泰地区长官由中央直接管理，不受新疆都督管辖。1919年，阿尔泰新任长官因措施不当引发兵变，杨增新派兵平乱，并趁机将阿尔泰地区改属新疆都督管理。

1912年，和阗策勒村发生抢夺水源事件，获胜一方宣称自己是俄国侨民，不必缴纳当地粮税，并鼓动其他村民加入俄籍，加入者才可使用该水源灌溉。喀什噶尔俄领事索科夫积极支持占据水源一方，并扩大登记俄国侨民，其间驻扎喀什噶尔俄军人数倍增。1913年10月，俄国和民国政府签署策勒村协议，索科夫和杨缵绪代表双方签字。该协议中虽然中国对俄让步不少，但也不允许俄国在新疆扩大登记侨民。之后索科夫离职回国，梅世臣 (Prince Mestchersky) 接任，俄国派驻喀什噶尔的军队也大多撤回。马继业在事件中一面与俄国人划清界限，向喀什噶尔的杨提督和道台强调英国不支持俄国人的做法，另一方面保持与索科夫及其他俄国外交人员沟通，起到了很重要的外交平衡作用。

杨增新组织起的那支回族队伍在他夺取和控制新疆的过程中起了重要作用。他任命其云南同乡马福兴(1846～1924)为回队统领。杨缵绪在喀什噶尔编练新军对抗俄国领馆驻军，引起了杨增新猜忌。杨派马福兴带回队进驻喀什噶尔，杨缵绪感到了威胁，不久辞职。杨增新随即于1914年任命马福兴为喀什噶尔提督，当年底到任，很快掌控了喀什噶尔地区。至此，杨增新完成了对新疆的控制。在后来十多年对新疆的管理上，杨增新封闭自保，对中原各派军阀争斗从不介入。

到1914年，马继业已在喀什噶尔服务24年，其间只回国休假两次，距他上次休假也已12年了，终于在这一年再次获准和家人回国短期休假。而被派来暂时接替他的就是珀西·赛克斯。赛克斯原计划当年9月来到喀什噶尔，但7月欧洲爆发的一次大战打乱了行程，直到次年4月，赛克斯才来到喀什噶尔。

奥什常见的马车

奥什到喀什噶尔路上的一个旅店

赛克斯这时正在波斯帝国东面的胡齐斯坦省任总领事，是出名的探险家，处理政务颇有手段，是短期代替马继业的最好人选。由于六个孩子年幼，妻子不便陪伴他，赛克斯便邀请姐姐埃拉 (Ella Sykes, 1863～1939) 一同前往，协助他料理内务。埃拉曾几次陪伴他在波斯探险，写过三本波斯游记，是那时少有的女探险家，这次当然非常高兴地接受了邀请。1915年3月姐弟俩从英国出发，长途跋涉到了喀什噶尔，11月返回，整整九个月时间。两人后来合著了一本书，讲述了这次经历。书分为两部分，旅行过程由姐姐埃拉完成，赛克斯则介绍了喀什噶尔地区的地理历史、文化传统和风俗习惯。

1914年8月，德国向法国宣战，随后英国向奥匈帝国宣战。赛克斯姐弟不可能穿过欧洲战场，只能向北经挪威、瑞典、丹麦，然后搭乘火车穿过西伯利亚，迂回到达目的地。1915年3月5日，两人搭船从纽卡斯尔(Newcastle)出发，向北先到达苏格兰彼得黑德(Peterhead)，然后跨海到了挪威卑尔根(Bergen)，再从那里坐27小时火车到达瑞典斯德哥尔摩(Stockholm)。为了躲避战火，两人从斯德哥尔摩接着坐火车向北，先到了俄罗斯边境小城卡龙吉(Karungi)，然后经彼得格勒(Petrograd) 到达莫斯科。

在莫斯科稍作停留后，姐弟俩再次启程，坐火车穿过辽阔的俄国，目的地塔什干 (Tashkent)。这里曾是丝路重镇，今乌兹别克斯坦首都。1865年俄罗斯人占领了这个穆斯林占多数的城市。当时沙俄殖民者自认为是先进的西方帝国，为展现其先进性，他们将塔什干新城区建设成具有欧洲风格的城市。并把塔什干设立为俄国突厥斯坦(Russian Turkestan)的首府。在塔什干工作的俄罗斯人常把自己和在英属印度工作的英国人相比，认为俄罗斯对塔什干的管理远优于英国对印度的统治，并以1857年爆发的印度民族起义来证明其管理的优越性。第一次世界大战爆发后，为了供应俄军在前线的需要，沙皇政府增加了中亚地区的赋税并将大量粮食调离该地，引发了自1916年起的各种抗议和暴动。珀西・赛克斯两年前曾到过这里，这次和姐姐来到塔什干，已是3月底，各种果树上开满了白色和粉色花朵，榆树和柳树也抽出了嫩芽，一幅初春景象。经过多年建设，塔什干新区街道大多宽阔，道路两旁栽满绿树，不时能见到教堂和公园，俄罗斯人和当地人似乎相处和谐。老城区里的泥土建

乌鲁克恰提的冰川

筑、狭窄街道和清真寺保留原貌。

从塔什干继续前进，搭乘火车不久就到了安集延(Andijian)，之后便没有火车可乘。继续向东，姐弟俩先到了五十公里外的奥什(Osh)。这也是丝路重镇，1876年被俄罗斯人占领，成为俄国突厥斯坦另一个重要城镇，如今是吉尔吉斯坦第二大城市。两人在奥什休息一晚。喀什噶尔英国领事馆派人来接他们，双方在此会合。此人姓白(Jafar Bai)，是领馆里的总管事，曾经营喀什噶尔到奥什的马队，经常往返两地，对这条线路非常熟悉。从这里到喀什噶尔还有四百多公里，马将是代步工具，在哪里歇脚和补给全靠这位管家细心打点。第二天一早，白总管先检查了每件行李的尺寸和重量，然后指挥马夫把行李装上马，一共雇佣了十几匹马来驮所有行李。奥什的俄罗斯政府还派了一个当地军官沿途护送。第一天马队走了三十多公里，路途基本平坦，一路走来颇为愉快。途径各村庄时，受到了村中头领热情招待，当晚就借住一位头领家。

第二天队伍接着长途跋涉，朝着远处白雪覆盖的天山进发。不久就进山了，道路极为狭窄不平。路上他们遇到了各色人等：有位汉人官员带着夫人和不少仆从也要到喀什噶尔去；有些喀什噶尔人要到奥什或安集延打工，他们

天山西面

马队什长

喀什噶尔城内一位受尊敬的圣人

通常春夏两季出门打工，赚够钱来应对冬天的开销。这些人多人结伴徒步前进，背着自己的行李物品，带着锅和乐器。他们十分友好，总是好奇地打量埃拉，却不会打搅他们，也总是愿意珀西给他们拍照。离奥什越远越荒凉、贫瘠，马队不久就经历了旅途中第一个难关，他们要翻过海拔近3700米的铁列克山口 (Terek Dawan)。

到达山口脚下那晚，下着瓢泼冻雨，非常冷。众人为第二天的旅程担心，早早就寝。次日，仍然非常寒冷，但雨雪停了，没有雾，视野清楚。为了能顺利通过山口，队伍在天亮前一小时出发，希望能在中午赶到山口。所有人都穿上了最暖和的衣服，戴了帽子和护镜。白管家发誓，如果马队顺利到达喀什噶尔，他会向神献祭一只羊。因为已是3月底，路上冰雪已有松动，道路越发难走和危险，货物几次滚落山路，好在没有人

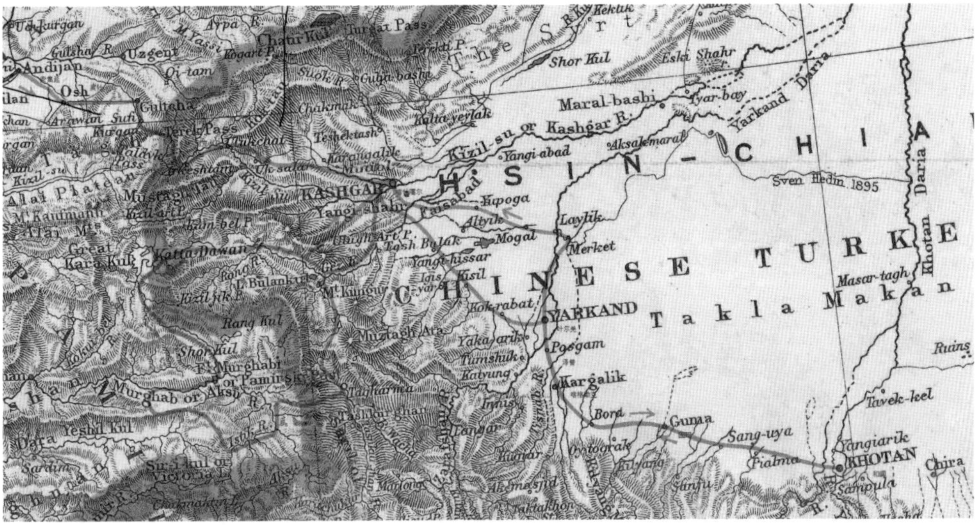

旅行路线局部

员和马匹伤亡。如果遇到暴风雪，整个马队都有可能被掀翻到山谷里。马队很快过了雪线，蜿蜒曲折前行。越往上走，积雪越深，最后300米道路最难攀登。好在有惊无险，经过几小时跋涉，马队终于到达了山巅处的山口。放眼望去，阿赖山脉(Alay Mountains) 一望无际的雪峰，映衬在蓝色下，壮丽的景色让众人震撼。

稍事休息后，队伍准备从东面下山。从西面爬上来时，路面冰雪尚且坚实。此时已是正午，东面下山路上冰雪已大为松动，十分难行。于是整个马队分成两部分，赛克斯姐弟和几个随从先走，驮行李的马匹和马夫在后面缓行。先行队伍经过辛苦跋涉，安全到了山脚下。驮行李的马匹因路面太滑，不得不中途停下来，等待入夜后路面再次冻住才继续前行。所幸人员和马匹都未伤亡，行李物品也没丢失。马队在山脚下最后汇合，经过休整，继续向伊尔克什坦(Irkeshtam) 出发。这是俄国境内最后一个山口，过了这里就进入新疆。队伍不久就遇到新疆衙门派来迎接的差役，一位马队什长。这位什长伴随着赛克斯的马队直到喀什噶尔。越接近喀什噶尔，道路越平坦，但到处仍是贫瘠山地，直到靠近喀什噶尔那片绿洲才看到绿色的田野和树木。

4月10日，经过36天跋涉，赛克斯姐弟终于来到了喀什噶尔城边。离城几公里处已有

喀什噶尔城

从英国领事馆远眺吐曼河

喀什噶尔的吐曼河

马匹和马车在等待，赛克斯上了为他备好的马，姐姐埃拉坐进了马车。路两旁是茂盛的柳树、杨树和桑树，层层包裹着喀什噶尔城。刚进城就看到了正热切等待他们的马继业领事和他的孩子们。两人随后受到当地瑞典传教士和俄国领事馆官员的热情欢迎，以及当地中国官员的友好接待。到达英国领事馆驻地时，马继业的夫人已在那里恭候。

赛克斯到达两天前，4月8日，斯坦因 (Sir Aurel Stein, 1862～1943)的149个箱子被运到喀什噶尔英国领事馆。这是斯坦因的第三次中亚考察，他1913年7月自克什米尔启程，随行的有印度测量局人员。这次考察中，斯坦因重访了尼雅、楼兰、敦煌等地，对所经山川和沙漠那些少有人烟的地方进行了仔细测量。斯坦因和马继业是老朋友，这次正遇到辛亥革命后政局不稳，马继业为其考察顺利进行出力不少。杨增新曾书面质询斯坦因的考察，认为他没有得到发掘许可，不能带走发掘出的物资。因此当这些箱子安全到达领事馆时，马继业非常高兴。赛克斯到达后不久就收到了斯坦因的信件，说他在罗布泊的考察发掘已近尾声，5月中下旬会回到喀什噶尔，他也已经得到俄国政府许可，下一步会到俄国突厥斯坦那

马继业(前排左5)和喀什噶尔当地的官员

边继续考察。5月31日斯坦因来到了喀什噶尔，赛克斯见他没有丝毫疲态且兴致高扬，显然这次考察相当顺利。此次考察发掘出的物品已增至182箱。斯坦因在喀什噶尔将这些箱子安排送到克什米尔。7月中旬，他动身前往俄属帕米尔一带西域商旅故道探查，直到1916年2月才结束全部考察。

从地图上看新疆，最北面是阿尔泰山，中间是天山，最南面是帕米尔山和昆仑山。前两道山脉间是准噶尔盆地，后三道山脉间是塔里木盆地。塔里木盆地中央是中国最大的塔克拉玛干沙漠。全疆适合人居住的地方只是沙漠中的那些绿洲。赛克斯写的文章中评论新疆的地理情况时说，绿洲加起来总面积只有全疆面积的1.5%。叶尔羌河及下流各支流流经喀什噶尔、和阗和阿克苏地区，是南疆最重要的河流。南疆是大陆型气候，极热和极冷的情况常见，降雨很少。赛克斯提到当时新疆人口有150万左右，喀什噶尔有30万，莎车有20万，和阗有15万，是南疆的三个中心。

策勒村协议签订后，马继业便着手登记在南疆的英国侨民。马继业因之前在策勒村事件中表现出了正义感和熟练的外交手段，获得当地中国官员信赖，他的登记工作进行很顺利。他这次主要登记了英国侨民在新疆出生的子女，出于英国利益的考虑，他把阿富汗人也都登记为侨民，这样可增加英国侨民在南疆的总人数，以便在许多事务上有更多发言权。马继业这次共登记了650多名英国侨民。

赛克斯可以讲流利的俄语，因此和俄国外交官员很快熟悉起来。两位当地的中国官员也能讲一些俄语，赛克斯与他们基本上也交流顺畅。不过他肯定了流利的汉语是马继业能在这个偏远领事馆成功做事的重要原因。喀什噶尔还有一些瑞典传教士，赛克斯和他们很快也成了经常拜访的朋友。南疆各地的俄国和英国侨民大量购买土地，赛克斯有时会收到报告说某地中国官员下令阻止这些买卖，但土地交易一直在进行，俄国侨民买的尤其多。

班超城

喀什噶尔城墙

赛克斯和姐姐游览了喀什噶尔一些有名景点。班超(32～102)庙祭祀这位汉朝的著名将军，赛克斯在研究波斯历史时就闻其大名。这座庙在阿古柏统治时期破坏得很厉害，残留下一座塔，庙中班超像穿着丝袍。城中大小巴扎他们也都走了一遍。马福兴允许他们登上喀什噶尔城墙游览。城墙有十几米高，二十几米宽，周长近十公里，平时不允许老百姓攀登。城墙当初强征劳力建造，死伤无数，当地至今仍流传不少有关的悲惨故事。让赛克斯印象深刻的是当地维吾尔人非常热爱音乐。春夏之际，每天清晨都能听到人们下地干活时哼唱着歌，歌声从傍晚到深夜都能听到，富裕人家常在家中宴饮时邀请乐师演奏乐器和歌唱。

奥斯曼帝国1914年底奇袭了俄罗斯的黑海部队，正式加入了一次大战。德国和奥斯曼帝国曾打算联手向东，直捣印度，击垮大英帝国在那里的统治。1915年2月，马继业发现喀什噶尔城里来了五个奥斯曼人，他们曾到阿富汗，试图说服阿富汗人攻打英国人。马继业向喀什噶尔的中国官员要求将其驱逐出去，遭拒绝。赛克斯到喀什噶尔不久，又看到几个奥斯曼人经由阿富汗来到这里。这次，赛克斯联合俄罗斯领事馆一起向喀什噶尔道尹施

喀什噶尔学校

压，将那些人拘禁起来。5月又有另一伙人被俄罗斯哥萨克军队在边境抓到。7月，再有几个奥斯曼人来到，这次他们打算在喀什噶尔兴办学校。城里的当地商人非常守旧，害怕新的教学方法会让他们失去对学校的控制，极力反对这几个人。他们让当地穆拉(mullah) 出面，公开声明当地的办学宗旨：学校只教授阿拉伯语和宗教这两个学科，不教授奥斯曼土耳其语，教授喀什噶尔当地的书写方式而不是奥斯曼的方式。学生们必须着长衫，裹头巾，不能穿欧式服装。

6月，喀什噶尔酷热难耐，赛克斯和姐姐为了避暑，决定去帕米尔山上探索一番。另一方面，赛克斯在波斯担任多年外交官，和俄罗斯人打过多年交道。如今虽因一次大战爆发，两国属于一个阵营，共同对付德国，但赛克斯不相信俄国人会因此完全放弃他们在中亚的战略。他想趁着游览帕米尔山的机会，探查一下俄国人在山上的各道关卡哨所。6月7日赛克斯姐弟骑马带着随从向西进发。先顺利跨过盖孜河，接着向上走就到了布伦库勒湖(Bulunkul， 即布伦口湖)。这里是柯尔克孜族游牧民居住的地方。这里的伯克和英国领

帕米尔山上把行李放在牦牛身上

事馆已有多年交情，赛克斯一行受到了他的欢迎。牧民们将探险者们迎进了他们的白色毡房，这比他们自己带的帐篷暖和多了。布伦库勒湖周边到处可以看到牧民们放牧耗牛。

继续前进，海拔越来越高，马匹换成了牦牛，来到了海拔将近五千米的一处重要山口，从那里他们可以将美丽的喀拉库勒湖尽收眼底。这是个海拔3600米的高山冰碛湖，被雪山和冰川环绕。过了这个山口继续向西就到了俄罗斯帕米尔一边的穆尔加布(Murghab)。这里位于多条道路交叉口，附近有穆尔加布河，一年中很多时候都适合放牧。这里的小型贸易多以物易物，用粮食、布匹、白糖、烟草等换取绵羊毛皮。俄国在这里设有边卡，负责人受命于塔什干总督。居住此地的柯尔克孜族有将近四千人，分散于五个部落。每个部落的负责官员由俄国人直接指派，他们和部落首领共同处理部落事务。这些俄国官员及其部属和少量士兵的供给由五个部落负责。修建房屋等工程时由五个部落的柯尔克孜族人出劳力。

回程他们绕过慕士塔格山，前去塔什库尔干镇(Tashkurghan)。这是新疆边陲的一个小镇，位于萨雷阔勒山山谷。这里有一处穆斯林聚居区，住着一群说栗特语(一种古波斯语)的人。他们是伊斯兰教什叶派玛仪派信徒。这个教派的领袖在印度，因此这里的人们自认

布伦库勒的伯克(头领)

穆尔加布的俄国军官

喀拉库勒湖湖畔

柯尔克孜族的叼羊比赛

慕士塔格山上的冰川

为是英属印度子民，理应受到英国保护。赛克斯到这里时，这里的中国官员不在，无法就登记英国侨民事宜进行交流。不过他打听到该官员对此坚决反对，声称如英国领事馆这样做，他会考虑将这群居民赶出当地。塔什库尔干镇驻有15个俄国士兵。19年前英国在巴基斯坦吉尔吉特(Gilgit)设立办事处，与喀什噶尔领事馆相互照应，俄国因此开始在此驻兵。在塔什库尔干镇停留三天后，赛克斯一行先到了一处温泉，然后翻越一连串雪山，7月26日回到了喀什噶尔。

8月下旬，赛克斯收到报告说斯坦因的那批箱子已离开叶尔羌，全部都在运往克什米尔的途中。之前他和斯坦因都担心会被中国官员扣留下来，这下终于放心了。这个月赛克斯还处理了一桩侨民身份问题，当事人父亲是印度人，母亲是中国人。父亲死后母亲再嫁中国人，一直未登记为英国侨民。赛克斯和喀什噶尔官员一番争执交涉后，成功把他登记为英国侨民。

9月6日，赛克斯和姐姐再次出发，这次是去塔克拉玛干沙漠南端的叶尔羌与和阗。两人出发时已是初秋。叶尔羌河两岸的稻田里，人们已在收割成熟的稻子，田里的小米穗变成金黄的颜色，瓜田里的南瓜、葫芦和甜瓜的叶子也都卷曲发黄了。这一带有南疆最肥沃的土地，是南疆最富庶的地区。一路上补充物资极其方便。哈密瓜、桃子、无花果、葡萄等各种水果应有尽有。人们将哈密瓜晒干储藏起来冬季食用。总之，在丰收的秋季，两人一路看到的都是快乐的人群。

去往叶尔羌的道路极其平坦，每到一处，都有当地“白胡子”招待。这样的“白胡子”在新疆各地都有。他们自成一个群体，将各地新闻传递到喀什噶尔。他们是英属印度臣民，只受英国法律制约。各地中国政府都知道他们的身份和从事的事情。假如他们和当地官方有了麻烦，喀什噶尔总领事会出面帮助他们解决。

队伍先来到了徕宁城。这座城最早兴建于乾隆二十七年(1762)，与已有的喀什噶尔城完全分开却又相隔不远。喀什噶尔参赞的衙署和他带领的清兵驻扎在那里。1826年张格尔之乱时，徕宁城几乎完全被毁。后来清政府在原址上重建，当地人称它为新城或满城。路

英属印度政府在新疆的“白胡子”

上还经过一处圣墓，看到有维族人在祭拜。祭拜仪式在两人看来十分奇特。祭拜人从一口井中取出泥巴，一边念着祈祷词一边把泥巴摔在圣墓墙上。之后祭拜人扭头大步离开，绝不回头。这样子据说可治疗各种皮肤病。赛克斯请一个维族妇女做出投掷泥巴的样子，让他拍照。那个妇女面带微笑，非常耐心地满足了两个外国人的要求。

队伍在英吉沙停下来休息。英吉沙是座小城，城墙很高。小城周围全是果园和农田。一行人晚上就在一处果园扎营休息，这里有简易木屋。他们会见了当地一些人物，包括一个受尊敬的医生和一位魔术师。医生讲解了所有的病痛其实都可分为冷与热两大类，做出判断后就可按照不同方法医治。假如不是生病而是中了邪，就需要请驱魔师。一个驱魔师带着徒弟表演了如何驱魔。师傅口中念念有词，唱的是恐吓鬼怪的词句，徒弟打着手鼓伴奏。赛克斯还稍稍拐弯去了一处多拉尼(Dulani)人的村落，那里的人已放弃游牧生活，定居下来。多拉尼人擅长歌唱。一天早上，村里来了一个全疆有名的游唱人，全村人都聚集起来，带着敬畏聆听他吟唱。

离开英吉沙那天还碰到了一队篾儿乞人 ，他们带着金雕。赛克斯在波斯见过用鹰捕猎，他很快说服这些人展示一下他们的技术。这些驯鹰人把一只兔子扔出去，金雕能快速准确地捕获兔子。赛克斯拍摄了照片，因为金雕和其主人动作极快，非常难抓拍到好的动

治愈皮肤病的方法，向圣墓投掷泥巴

驱魔师和他的徒弟

多拉尼人的伯克(头领)

篾儿乞人和他们的金雕

态照片。英吉沙距叶尔羌120多公里，路上碰到一场雨，这是赛克斯在新疆七个月中遇到的唯一一场雨。快到叶尔羌时，他看到了人工挖掘的运河，运河将原本的沙漠变成了绿洲。

叶尔羌这里也有旧城和新城，和喀什噶尔情况类似。新城居住的是满汉官员和驻兵以及内地来的商人；维吾尔族人住旧城。两城之间有大巴扎。赛克斯一行来到旧城后，认为这里不如喀什噶尔富裕，房屋和清真寺有些旧，但粮食货品价格便宜，乞丐也少些，来往商人没那边多。赛克斯认为这里房屋的装饰风格和克什米尔地区十分相似，这里铜器制造明显受波斯影响。叶尔羌和印度间的贸易十分密切。商队经由印度列城(Leh)往来两地。在这里做生意的多是印度教徒，生意非常兴隆，在这里购买了不少土地，受到当地政府欢迎。赛克斯见了一些印度教商人，他们都称赞当地官员开明、友善，并请他在拜见时转达谢意。赛克斯拜访了叶尔羌的这位中国官员，赞赏了他智慧的施政措施。这位官员说其基本原则是尊重不同宗教习惯。赛克斯的姐姐埃拉在这里结识了一名年轻维族女子及其家人。

到和阗去，一行人要坐船渡过叶尔羌河。中间路过叶城，拜见了那里的官员。维语称

叶尔羌河上的船只

叶城为“喀格勒克(Kargalik)”，指的是这个城及其所在绿洲。一路上，村落不断，隔一段就有集市，每周都有大小规模的巴扎举行。赛克斯受当地中国官员邀请到其家中晚宴，这是他第一次参加中式晚宴。叶城处在叶尔羌和印度之间的贸易通道上。唐玄奘就是经此去往印度的。玄奘法师提到此地与和阗书写方式相似，但两地语言听起来大不相同。

继续向东，他们在提孜那普(Tiznaf)河河畔休息，这里的河水比叶尔羌河的河水清澈许多。在泽普(Posgam或Poskam)，他们碰到大批的人赶往当地巴扎。在固玛(Guma或Goma)，他们被迎进一个印度商人家中。这家的房子刚完工，崭新漂亮。固玛出产的纸张十分有名，赛克斯和姐姐参观了那里的造纸作坊，了解造纸过程。造纸原料是桑树皮，经切割、熬煮、晾晒等一系列工序，做出一种粗糙的灰色纸张，主要用来包装货品。这样的纸张再和玻璃摩擦后做出能书写的纸张。固玛的中国官员反对英国领事登记这里的阿富汗人为英国侨民，赛克斯说他会认真调查这些人的国籍问题，不会随意登记。其实，赛克斯这次南疆之行并不打算登记英国侨民，新疆时局并未完全安定，其目的是与各地官员建立友好关系，给各处现有英国侨民支持和鼓励。

叶尔羌的乐手们

叶尔羌维族人的伯克(头领们)

叶尔羌的一个“白胡子”

离开固玛继续向和阗前进，路上经过一处圣所，叫鸽子麻扎(Kaptar Mazzar)。麻扎是阿拉伯文音译，意思是圣地或圣徒的墓，指伊斯兰教有名人物的陵墓。这个鸽子麻扎因栖息了很多鸽子而得名。鸽子由附近村民和来往商旅供奉。这里埋葬的圣人死在和佛教徒的战斗中，而鸽子帮助人们辨认出了其尸体，因而得到人们尊敬和供奉。随后一行人第一次遇到沙漠风暴。幸运的是行李车先行一步，如果困在风暴中，很可能丢失。那天出发时天气其实不错，队伍行进中，清风突然转成狂风，天空迅速黑了下来，向导怕会转成黑风暴，催促大家拼命加速前进。一阵疾驰后，总算安全到了一处绿洲。众人坐下来煮了茶，喝完后才定下了心神。短暂休息后，打起精神进入下一片沙漠，13小时后终于走出了那片沙漠。

和叶城类似，和阗既是这座城的名字，也是这片绿洲的名字。和阗是贸易通道上的重要城镇。往北经由喀什噶尔与俄罗斯通商，向西经过列城与英属印度保持着繁忙的贸易，和中原往来通过阿克苏和吐鲁番，或者叶尔羌和巴楚。这里的巴扎上可以见到各地商人，内地的，中亚各国的，俄罗斯的以及印度的。和阗丝绸很出名，南北朝时期蚕卵就从这里被偷运到拜占庭，从而打破了中国在丝绸上的垄断。他们在城里参观了当地一家最大的蚕丝作坊。作坊里的妇女把丝从蚕茧中抽出，经过几道工序，生产出乳黄的丝线。《和阗县志》里记述了1915年和阗地区产蚕茧183吨，产丝63.8吨，这些蚕茧和丝线不少销往英属

叶城的官员

鸽子麻扎

印度和俄罗斯。和阗真正闻名于世的是玉石，赛克斯把这里称作“玉石王国”。未到新疆时，他就已知道这座城市。玉龙喀什河(Yurungkash，又名白玉河)是和阗河上游的两条支流之一，盛产白玉、青玉和墨玉。赛克斯和姐姐看到人们在河床上挖三米多的坑采集大块玉石原料。他们也参观了玉石加工作坊。赛克斯和姐姐在这里并未看到质量上乘的玉石制品，因而略感失望。《和阗县志》里说和阗玉指的是产于昆仑山北坡的透闪玉石，有白玉、青玉、墨玉和黄玉四类。赛克斯提到了青玉和墨玉这两种玉，而且只见到作坊里加工出来材质非常普通的玉杯。

驻扎和阗的是马将军，赛克斯要求给他拍照，马将军推辞一番后答应了，却坚持闭着眼拍了这张照片。他身后站着两个护卫，两边打着他的旗子。马将军是穆斯林，他说自己曾去麦加朝圣，朝圣路上遇到的英国人对他十分友善，特别在新加坡。马将军能讲一些波斯语，和赛克斯进行了简单交流。马将军与和阗县令设晚宴款待赛克斯。1912年到1917年

和阗

和阗的回教圣贤

和阗的马将军

和阗马将军的队伍

新疆流行过一种疫病，这种病始于和阗一带。赛克斯的记录中提到此病时认为病因是当地人不健康的饮水习惯。这种病传染极快且死亡率极高。杨增新曾聘用俄国和英国医疗队到和阗帮助治疗瘟疫，免费发放药物，但当地人不信任这些洋医生，疫情并未很大好转。到1917年，这场瘟疫导致和阗人口剧减，很多耕地荒芜。

和阗当地不少人都来拜会赛克斯，其中一位老者让他印象深刻。这位长者自称已99岁，年轻时曾取道印度到麦加朝圣。他被当地人尊为圣贤，能讲流利的波斯语，和赛克斯交流非常愉快。他们最后参观的是约特干(Yotkan)遗迹。这里是于阗古国的都西城遗址。于阗是丝路上的一个重要古国，存在时间大概从汉代到唐末或宋初。这个遗址原先被埋在泥沙下，19世纪中，引来河流灌溉这一地区农田时，遗迹的一小部分被冲刷暴露了。照

和阗附近的约特干遗迹

片中间的老者是在和阗做生意的印度商人。就是在他坚持下，赛克斯他们才来此游览。参观后，赛克斯和姐姐便启程返回，10月20日回到喀什噶尔。

埃拉在记录中总是对所到之地的妇女状况最为关注。她认为新疆的各族妇女比波斯妇女社会地位高。在喀什噶尔，她高兴地看到妇女们骑马去集市。她们骑术非常娴熟，还能熟练照顾羊群。但这也许是因为这一地区大量男性赴奥什和安集延等地打工，本地缺少足够男劳力，妇女因而承担了更多工作。埃拉最喜欢帕米尔山上的柯尔克孜族妇女，她们和男子一样能干。

1915年11月7日，马继业休假回来。9日，赛克斯和姐姐离开新疆经由俄国返回英国。年底赛克斯受封司令骑士勋章。1918年他被召回国，结束了海外工作，次年获同袍勋章。1920年，两人合著的《穿越中亚的沙漠和绿洲》出版。他1924年退役。埃拉上世纪20年代曾在英国皇家中亚学会 (Royal Central Asia Society)担任秘书多年，1939年在伦敦病逝。赛克斯1932年开始担任英国皇家中亚学会秘书长，直到1945年他去世。1947年学会设立了珀西·赛克斯爵士纪念奖章(The Sir Percy Sykes Memorial Medal)，授予那些增进了人们对亚洲的了解和兴趣的杰出旅行家和作者。

柯尔克孜族妇女盛装站在她们的白色毡房前

工部局大楼的前世今生

胡勍

在江西中路215号，由河南中路、汉口路、江西中路、福州路合围起来的街区内，有一幢体量庞大、风格庄严的城堡式建筑。这座1922年落成的建筑，就是声名显赫的上海公共租界工部局办公大楼。它是公共租界当局的权力中枢，在这里发生的历史事件，对近现代上海发展产生了不容忽视的影响。

1843年上海开埠后，以英国为首的外国领事和商人、传教士等纷至沓来，在上海县城外洋泾浜以北开辟了中国第一块租界。在不平等条约的庇护下，上海租界面积不断扩张，其行政权力也日益膨胀，逐渐演变为中国领土上的“国中之国”。其中，由英、美租界合并而成的公共租界，它的市政机关称为工部局(Shanghai Municipal Council)。工部局成立于1854年，其前身为英租界道路码头委员会，该委员会成立于1846年12月，结束于1854年6月，是英租界最早的管理机构。工部局对租界内居民行使征税权和行政管辖权，其最高决策机构为工部局董事会。早期的工部局董事会成员由居住在租界内的外国侨民选举产生，均为外侨中的头面人物，有洋行大班、大地产商、工厂主、律师等，以英国侨民居多，其次为美、德、日等国。直到1928年，在持续高涨的“华人参政”呼声下，中国人才正式在董事会中争得一席之地。工部局的行政机构由总办、警务、火政、卫生、工务、教育、华文、财务等各处，以及公共图书馆、书信馆(邮局)、乐队等组成，按董事会决议，各司其职。此外，公共租界还有自己的武装力量“万国商团”。万国商团成立于1853年，是租界当局的一支准军事部队，成员主要由旅沪各国侨民组成，1870年7月归公共租界工部局管辖。1907年3月，万国商团将原先华人自组的上海华商体操队“收编”为

1865年工部局董事合影，前排左起：普罗思德、耆紫薇(总董、怡和洋行大班)、霍锦士、库慈，后排左起：奈伊、汉璧礼

中华队。中华队第一批队员有83人，工部局委派3名西人分别担任正副队长。

工部局成立之初，并没有一处集中办公的场所。直到1896年，工部局在南京路、广西路和贵州路口(今新雅粤菜馆处)建造了工部局市政厅，占地面积近4 000平方米，因其屋顶为铁皮瓦楞板，又被上海人称为“铁房子”。随着工部局下设部门增加，雇员人数不断增长，原有办公场所不敷使用，有些部门只得另寻他处。因此，新建一座能集中办公且体现工部局权威的办公大楼被提上议事日程。1904年，工部局首次在年报中提出将今汉口路、江西中路、福州路、河南路围合而成的街区全部买下建造办公大楼的计划，并着手向地块所有人购买土地。1910年，工部局董事会成立工部局大楼委员会(Municipal Buildings Committee),

万国商团阅兵式(1882)

工部局乐队成立于1881年2月23日。1920年代，该乐队发展为远东一流的交响乐队

“由克莱格、朱满和德格雷先生组成，以充分考虑重建的问题，对万国商团司令部和操练厅提出意见，制订附有费用概算的明确计划，以便有助于董事会对整个问题做出结论性决定”。

1913年2月，工部局大楼委员会完成最终报告，该报告中包含4份经挑选后入围的工部局大楼平面图。3月底，公共租界纳税人大会对该报告进行了审议并选定第三设计方案。该方案为三面围合建筑，暂时保留当时地块上已有的卫生处、救火站和巡捕房，预计花费125万两白银。6月，工部局工务处建筑师特纳(R.C.Turner)完成了工部局大楼平面设计，8月完成主要立面设计并于9月将设计方案提交董事会讨论。董事会研究后决定，由主建筑师携带图纸到伦敦交英国皇家建筑学院院长审阅，并在伦敦绘制面对汉口路和江西路一隅的透视图。

1914年10月，华商裕昌泰营造厂在工部局大楼承建招标中一举中标，大楼建设工程正式开始。但事不凑巧，大楼开工时正逢一战爆发，从欧洲采购的建筑材料因时局动荡难以按时运抵，导致工程进展缓慢，直至1919年，新大楼整体结构才基本

万国商团在南京路阅兵，远处尖顶建筑就是1896年建造的工部局市政厅(1902)

LEE TAI
PAPER MARCHANTS AND

Old Secretariat Offices being de

基本建成的工部局大楼

建成后的工部局大楼

1914年8月，原工部局总办处开始拆除，这是拆除中的总办处大楼

建成。按照原设计，工部局大楼本应有个尖顶塔楼，但据1919年《工部局年报》记载，由于工部局大楼所在地块“具有不同寻常的柔软性质”，大楼建造过程中“沉降超过一英尺”“直到用打桩方式对筏基进行加固，才控制住沉降问题”，原设计塔楼所在区域也在荷载试验中“沉降了半英寸”。最终，工部局只得放弃建造塔楼。

1922年11月16日，历时八年之久，工部局大楼正式建成并投入使用，其规模之大、用料之考究、设备之先进，堪称当时上海之最。当年11月22日的《申报》记载：整幢大楼“占地十二亩，统计办公房屋共有四百间，办公西人约有八百名，全部建筑经费共耗银一百七十五万两”。大楼沿汉口路、江西中路、福州路、河南路呈围合式，院内中央为停车场，以及一间面积为1700平方米的室内操练厅。

1930年代工部局中外董事在工部局大楼开会时合影

卜舫济

新建的工部局大楼主要入口在东北角，也就是汉口路、江西中路交叉处，门前建有专供停靠小轿车用的凹面扇形廊，由4根多立克式花岗岩石柱支撑，每根方柱四周又竖4根花岗石圆柱。新大楼建筑外墙采用花岗石装饰，因此又被称为“石头房子”。大楼外观威严庄重，整个建筑共有大门10处，除了主入口，东南角和北面正中均有入口通向内院。大楼所有窗洞口均安装从英国伯明翰进口的钢制窗框。建筑内部装饰考究，地坪用英国麦金洋行马赛克瓷砖铺砌，主要通道和扶梯用泰康洋行黑白相间的大理石铺砌。大楼内部装有自动电话系统，以及由英国工程师设计的低压热水供暖系统，管道等材料设备皆为进口。卫生设备则全部使用美国“标准牌”(Standard)瓷具。

随着工部局权力日盛，其优厚待遇和发展前景也吸引了大量国外人才到工部局工作。来自英国本土、欧洲大陆、美国及英国殖民地的白人雇员，占据了工部局绝大多数中高级

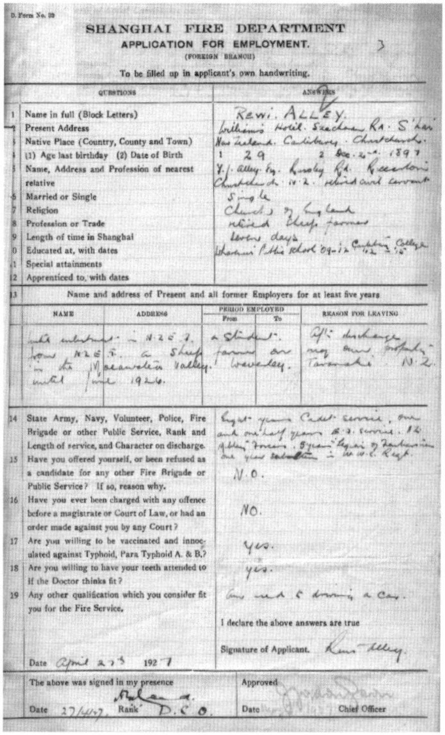

D. Form No. 39

SHANGHAI FIRE DEPARTMENT

APPLICATION FOR EMPLOYMENT.

(FOREIGN BRANCH)

To be filled up in applicant's own handwriting.

	QUESTIONS	ANSWERS
1	Name in full (Block Letters)	REWI. ALLEY.
2	Present Address	[illegible]
3	Native Place (Country, County and Town)	New Zealand. [illegible] Christchurch.
4	(1) Age last birthday (2) Date of Birth	1 29 2 Dec. 2nd. 1897
5	Name, Address and Profession of nearest relative	[illegible]
6	Married or Single	Single
7	Religion	Church of England
8	Profession or Trade	[illegible]
9	Length of time in Shanghai	seven days
10	Educated at, with dates	[illegible]
11	Special attainments	
12	Apprenticed to, with dates	

13 Name and address of Present and all former Employers for at least five years

NAME	ADDRESS	PERIOD EMPLOYED From	To	REASON FOR LEAVING
[illegible]	[illegible]	[illegible]		[illegible]

14	State Army, Navy, Volunteer, Police, Fire Brigade or other Public Service, Rank and Length of service, and Character on discharge.	[illegible]
15	Have you offered yourself, or been refused as a candidate for any other Fire Brigade or Public Service? If so, reason why.	N.O.
16	Have you ever been charged with any offence before a magistrate or Court of Law, or had an order made against you by any Court?	NO.
17	Are you willing to be vaccinated and innoculated against Typhoid, Para Typhoid A. & B.?	yes.
18	Are you willing to have your teeth attended to if the Doctor thinks fit?	yes.
19	Any other qualification which you consider fit you for the Fire Service.	[illegible]

I declare the above answers are true

Signature of Applicant. [illegible]

Date April [illegible] 1927

The above was signed in my presence

Date 27/4/27. Rank D.C.O.

Approved

Date Chief Officer

在工部局火政处任职期间的路易·艾黎及其填写的应聘火政处职位申请表

职位。在这些外国雇员中，不乏对上海租界的政治、经济及文化发展产生重要影响的人物。如曾担任教育委员会主席的美国人卜舫济(Francis Lister Hawks Pott)，推动工部局建造了租界内第一所专收华人子弟的华童公学；同为美国人的法律处处长博良(Robert Thomas Bryan Jr.)，在其任内引入他在东吴大学法学院任教时的华人学生到法律处工作；来自澳大利亚的工业社会处处长辛德(Eleanor Mary Hinder)，是工部局中唯一的高级女职员，曾在上海从事社会福利工作，致力于改善妇女儿童权益。值得一提的是，工部局雇员中有两位国际友人为中国人民做出了巨大贡献。新西兰人路易·艾黎(Rewi Alley)被誉为中国人民真诚的朋友，1927年至1938年供职工部局火政处。在上海的11年间，他赴绥远灾区赈灾，收养孤儿，为改善童工的待遇奔走呼号，为中共地下党员提供庇护，为陕北红军购买运输药品补给，积极投身中国的革命事业。

1938年，法国驻华大使纳吉阿尔向饶家驹神父授勋章

法国神父饶家驹(Robert Charles Emile Jacquinot de Besange)，1913年来上海传教，先后在徐汇公学、震旦大学任教，曾任万国商团随军神父。1937年“八一三”淞沪抗战期间，饶家驹神父就商于中日军事当局，在上海方浜中路、民国路(今人民路)内创立了“南市难民区”，亦称“饶家驹安全区”，该安全区一直延续到1940年6月，共保护了30多万中国难民。1949年8月12日，63个国家代表制定《日内瓦公约》。其中，第四公约就是《关于战时保护平民之日内瓦公约》，饶家驹的南市难民区这一“上海模式”作为范例被写入其中，从此成为国际法的一部分，于全球践行。

另外，许多国际名人在上海期间，也曾造访工部局大楼。1922年11月，爱因斯坦(Albert Einstein)首次来沪访问。1923年1月2日，在犹太侨民安排下，爱因斯坦赴工部局大楼讲演，在大楼礼堂用德语讲解了相对论。1930年，工部局聘请英国大法官费唐(Richard Feetham)作

1947年，上海市市长吴国桢(中)在市政府大楼会见联合国官员

为顾问来沪调查租界情况。1931年4月，费唐法官向工部局提交了《费唐法官研究上海公共租界情形报告书》即“费唐报告”，为公共租界制度的存在辩护，同时为缓和工部局同当地华人矛盾提出一些改良建议。法国霞飞将军(Joseph Jacques Césaire Joffre)也曾于1922年3月11日赴工部局大楼举行的公宴。

二十世纪二三十年代，可谓公共租界的黄金时代，有关市政建设的诸多重大举措，都是在工部局大楼内作出并发出。1937年全面抗战爆发，上海租界区域沦为“孤岛”，工部局权势在日军围困之下盛极而衰。1941年12月太平洋战争爆发后，日军占领公共租界。1942年1月，工部局组成临时董事会，重新推举总董、副总董，由日本大使馆参事冈崎胜男任总董，华董袁履登任副总董，其余6名董事中除2名欧洲人外，均为日本人或汉奸。自此，公共租界工部局已有名无实，行将就木。1943年7月30日，工部局董事会召开了最后一次会议。8月1日，公共租界交还接收仪式在工部局大楼礼堂内举行。在冈崎胜男发表的广播演讲中，他将此次交接粉饰为“中国和中国人民重新夺得了租界地区的主权领土完

公交司机罢工(章虎臣摄)

市政府门口插起白旗(舒宗侨摄,1949.5.25,陈立群提供)

整”，声称“日本政府希望中国人民免于英美的不公待遇和剥削”。此后，汪伪政权将公共租界改为上海特别市第一区，工部局大楼成为汪伪政权下的上海特别市政府办公楼。1945年8月15日，日本战败并宣布无条件投降。9月12日，国民党政府接收汪伪市政府，工部局大楼第二次易主，变为国民党上海市政府所在地。

1949年5月，工部局大楼再一次见证了历史性的政权交接。5月25日，解放军攻入上海市区，26日下午，旧上海市政府最后一次会议在代市长赵祖康主持下，讨论了向人民政府移交权力等问题。5月27日，上海全境解放，中国人民解放军上海市军事管制委员会宣告成立。28日，上海市人民政府成立，陈毅出任解放后第一任上海市长，工部局大楼作为上海市人民政府办公大楼迎来新生。

1949年10月1日，中华人民共和国成立。10月2日上午8时，上海市军管会及上海市人

1949年10月2日，原工部局大楼
升起五星红旗(俞创硕摄)

上海市第一届人代会议案审查委员会在市府大楼内开会(1949.12)

“二六”轰炸死难同胞追悼大会(市府礼堂,1950)

上海市第一届人民政府委员合影，合影地点就在曾经的工部局大楼

民政府在该楼举行升旗仪式。在这幢大楼里，陈毅等上海市人民政府领导运筹帷幄，带领全体上海人民战胜种种困难，巩固了人民政权，为上海全面建设奠定了坚实基础。1950年5月，上海解放一周年之际，刻有陈毅市长手书的“上海人民按自己的意志建设人民的新上海”的石匾被镶嵌在大楼的墙壁上。

为了使大楼更好地为人民服务，上海市人民政府于1950年将原万国商团操练厅改建为市府大礼堂，以会议为主，兼顾文艺演出、电影放映，这里成为上海接待国际文化交流演出的重要场所，来自印度、美国、英国、法国、苏联、朝鲜等十几个国家的艺术团体曾在此演出。1979年1月中美两国正式建交后，美籍日裔指挥家小泽征尔携波士顿交响乐团首次来华，于3月15日晚在市府礼堂为上海市民献上精彩演出。直至1980年代，市政府大礼

上海市第一届人民代表大会第二次会议在市政府礼堂举行(1955.2)

1956年，上海市郊农村全部实现高级农业生产合作社，市郊农民代表向上海市人民委员会报喜

欢迎美国"波士顿交响乐团"访沪演出

堂还是上海为数不多的舞台设备和音响效果较好，又有冷暖气设备的大型演出场所。档案记载，1982年，10多个国外艺术团体在市政府大礼堂举办了39场演出，其中比利时皇家芭蕾舞团、日本胜利舞蹈团和联邦德国话剧团还先期前来踏勘场地，以至于有关方面不得不推迟了礼堂的室内装修计划。

1955年，市人民政府迁至外滩原汇丰银行大楼办公，老市府大楼成为上海市民政局、园林管理局等单位办公地，继续为城市管理发挥作用。

为加强优秀历史建筑和历史文化风貌区保护，加快推进核心区域城市更新工作，使外滩区域历史建筑重现风貌、重塑功能，变“古旧”为“经典”，早在2014年，上海市相关部门和黄浦区就将老市府大楼修缮工作列为黄浦区160街坊保护性综合改造项目，并作为上海市城市更新示范项目和外滩“第二立面”改造项目。2019年10月，该改造项目内老市府大楼等建筑的保护修缮工作正式拉开帷幕。此次改造还将弥补原工部局大楼初建时的遗憾，修缮方将对大楼现有的L形缺口进行围合，使其外形与建造时的设计图一致。缺口处重新围合的建筑将有自己的风格，但整体将与老楼保持一致。预计2022年大楼建成100年之际，保护性综合改造后的老市府大楼将作为办公场地，建筑中央的广场将向市民游客开放。

波士顿交响乐团在市府礼堂演出现场

赵堂子胡同朱启钤故居

朱延琦

我的曾祖父朱启钤在北洋政府时期担任过三任内务总长、五任交通总长，代理过一任国务总理，曾经办中兴煤矿、中兴轮船公司等企业。他曾任北京内外城警丞，任内改建正阳门，打通东西长安街，开放南北长街、南北池子，修筑环城铁路。同时在改造长安街时，他开辟中央公园(今中山公园)；创办中国第一个博物馆——古物陈列所(1946年与故宫博物馆合并)。

曾祖父原来四处租房，后来准备买一处宅子。原北洋政府财政次长贺德麟在赵堂子胡同2号有房产，曾祖父准备买下来。1929年他就开始洽购备料，联络原内务府营造司散落在各处的工匠。1931年，他和女婿朱光沐合资4万元用“均和堂”名义置下赵堂子胡同2号，然后按照营造法式重建，共用去5万元。1932年入住。

赵堂子胡同属东城区建国门地区，胡同西起朝阳门南小街，东至宝珠子胡同，长250余米。清代，即称“赵堂子胡同”。胡同呈东西走向，东端稍有曲折，且与另外4条胡同相通，形成一个胡同枢纽。往东是“后赵家楼胡同”，往北是“宝盖胡同”，往南是“宝珠子胡同”，往西南是“阳照胡同”。五条胡同相交实属罕见，当地居民美其名曰“五路通祥”。

曾祖父朱启钤的故居赵堂子胡同3号位于东城区，门牌原来是赵堂子胡同甲2号，是一座占地3800多平方米的四进四合院。西侧3号院住王克敏，东侧是1号。这里在胡同稍有曲折处北侧，坐北朝南，恰处“五路通祥”之地。

当时买这块地的时候，有人告诉他风水不好，因为在十字路口上，懂风水的人认为这个地方往四方散财，不聚财。曾祖父一生不信神鬼，很喜欢这所房屋，尽管别人告诉他风

水不好，他仍然搬进去并且造房。

此宅院布局独具特色。它以一条贯穿南北的走廊为中轴线，将整个宅院分成东西两部分，且将两部分的八个院落有机组合为一个颇具气魄的宅第。进入二道院以后是一条长廊，长廊两侧一边四个院子，走到头是正厅，每个院子都设有卫生设备。前四个院由朱光沐一家及他的母亲居住，后四个院及正厅由朱启钤居住。

宅院的街门为“广亮大门”，街门西侧是6间倒座南房，街门东侧有4间南房系厨房，4间南房并不是一条脊，东侧3间稍向南移。因此，街门东侧的南院墙向东南倾斜。

进入广亮大门，10米左右过二道门，正对着一条贯通南北的走廊，直通主厅，形成一条南北轴线将整个宅院分成东西两个部分，共8个院落，院内回廊环绕。

西部一进院有6间倒座南房和一座两卷“垂花门”；二进院、三进院、四进院北房3间、西厢房3间，在北房西侧建有两间耳房。

东部一进院有南房4间、正房3间，在正房西倾建有两间耳房，北房与二进院的南房为三卷钩连搭歇山顶建筑，用料讲究，工艺精细。二进院有北房、南房、东厢房各3间，在北房和南房西侧各建有两间耳房。三进院有北房5间、东厢房3间。四进院原是宅第园林，如今已改建。锅炉房也在东部。

1929年，曾祖父朱启钤成立了中国营造学社，聘请梁思成任法式组组长，刘敦桢为文献组组长。起初，学社借中山公园办公。《中山公园二十五周年纪念册》中记民国二十一年施工情况道：“天安门内西庑旧朝房十四间……由本园函请故宫博物院，拨借为朱会长桂莘(按朱为公园董事会会长)设立中国营造学社社址。查该房久经废置，屋顶檐头以及墙壁地面破旧不堪，乃重加修整，并铺设地板，加护窗铁栏门，右十一间并建垂花门一座，即由中国营造学社租用。”

中山公园是北京第一个公园，平时游人如织。赵堂子胡同3号住宅落成后，曾祖父朱启钤认为自己身为公园董事长，学社继续占用中山公园办公不合适。又因为他许多女儿已经出嫁，赵堂子胡同3号这个房子显得有点空旷，新住宅自己和朱光沐住不了这么多房间，于是腾出前边四个院子作为学社办公场所，朱光沐一家移至后院。

1934年营造学社迁入办公直至1937年北平沦陷，学社南迁。

我父亲朱文极从美国回来后曾经在营造学社工作一年，日本人来了以后，营造学社停办，西迁至四川。我父亲去唐山开滦煤矿工作。

北平沦陷后，在日本侵略者操纵下，1937年底以王克敏为首的伪临时政府成立。但日本人认为王克敏资望不够，压不住阵脚，欲请曾祖父这样北洋时期的首脑人物出来捧场。因而对朱施展了种种手段，但曾祖父推脱有病在身，闭门谢客，坚持不就伪职。为了掩饰，曾祖父甚至为此写了遗嘱登报。于是日伪先是派特务监视他的住宅，继之又以赵堂子胡同是警备地区，一般人不宜居住为由(因王克敏住在隔壁)，强行用低价征购了赵堂子胡同3号的住宅。曾祖父本想把这座宅院以13万大洋卖给孙传芳之妻，日伪不准，逼他以10

万元(日据时期伪币)把房子(包括全部家具在内)卖给了日本人作为特务机关。朱启钤被迫搬到北总布胡同还有外交部街的协和宿舍(当时我十姑爷是协和教授)等处居住。直到抗日战争胜利，曾祖父一直称病在家，始终未与日伪同流合污。

日本投降后，赵堂子胡同3号被第十战区司令部接管。蒋介石视察北平时，宴请没有附逆的民国官员。曾祖父的座位就在蒋介石边上，蒋公对曾祖父朱启钤的所作所为感到佩服，手书："坚贞不屈，不肯附逆。"我五姑爷朱光沐是宋子文的机要秘书，坚持敌后斗争，蒋介石提词："抗战八年，功勋卓众。"然后又问，朱桂老有什么要求，曾祖父提出是否能归还房子。当时，第十战区司令部孙连仲在此，蒋介石嘱咐同席的宋子文落实此事，宋子文后来为此还专门写了条子。此后国民政府发还了赵堂子胡同3号房产。

当时我二爷朱海北领回房屋时那里已破烂不堪，曾祖父回去看过……看到屋里地板都被撬，因为国民党军队为了拉家具钉箱子。客厅内他心爱的价值连城的南北朝碑刻也没了，墙上留下一大洞……听家里人说，是马汉三把南北朝的石刻掠走的。

随后二爷朱海北对所有房屋按原样进行修缮，花了许多钱恢复所有的地板以及屋里损坏的地方。

1947年曾祖父去上海，处理中兴轮船公司及其他事务。

1949年1月，北平和平解放，赵堂子胡同3号由解放军接管。因修缮房屋，当时二爷朱海北住在那里。接管人员告知，看到了蒋介石责令第十战区搬走，给宋子文落实这个房子的指示，军队告知此房属于敌逆产，此类房产一律没收。二爷朱海北只能搬出，到本司胡

同居住。此房后转给外交部，用于从军队中抽调人员培训外交官。

解放战争后期，形势急速变化。国共双方都在争取曾祖父。蒋介石让朱启钤去台湾，周恩来也派人找到曾祖父，让他不要去台湾，留在大陆。周恩来第一次派的人被国民党抓住，枪毙了。第二次派去的金山传递了周的信息，不要去台湾。此时北平已经和平解放。后来商量回北京住处，曾祖父说赵堂子胡同有房子可以住。后来知道赵堂子胡同的房子不能住了，已经被军队没收了，曾祖父说可以住五女儿在东四八条的房子。那是个三进院，抗战胜利后戴笠曾经住过，后来军统卖给朱家，曾祖父将后院借给好友章士钊居住。当时东四八条由朱海北的夫人徐恭如居住并看管。据曾祖父后来的秘书刘宗汉介绍，北平和平解放后，朱启钤的外孙章文晋(天津军管会外事处长)的夫人张颖来看望徐恭如，正好碰到军队来收这房子，北京市军管会副秘书长薛子正也在场。此事反映上去。后来薛子正来此处撤走军队，同时道歉。后来，北京市政府秘书长薛子正又来过一次，再次为房子的事情致歉。

1952年章文晋陪曾祖父从上海先到天津，接着回北京，此时赵堂子胡同的房子已经分给了外交部。周总理知道此事后，知道二爷朱海北花了不少钱维修，于是补偿了朱海北

维修房子的部分费用，同时和曾祖父谈，要收购这个房子。曾祖父知道刚解放，国家很困难，就把房屋捐给了外交部。此宅后改为外交部宿舍。

“文革”后期，可能是1971年，我从宁夏回来，头一次进这个院子，里面住的都是外交部的司局级干部，干干净净。改革开放后第二次进这个院子，已经是大杂院了。那时颁布了干部住房指标，住此院的干部觉得住楼房好，就搬走了，但产权还在外交部，随后搬来的是外交部的一般工作人员，如司机，厨师，保洁等人员。随着里面的住户越来越多，各户在院内私搭乱建，居住环境越来越糟，形成现在那个模样。

20世纪80年代我听街坊说，过去曾祖父做寿，从我们家门口开始，赵堂子胡同两侧都停满了车，一直停到南小街……

上世纪80年代，赵堂子胡同3号被公布为东城区文物保护单位。

(朱静莎整理)

神秘的88旅

彭越关

1945年8月9日，150万苏联红军以摧枯拉朽之势横扫盘踞中国东北14年之久的日本关东军。8月15日，日本天皇发布《终战诏书》宣告投降。在这段恢宏的抗战史诗中，有一支鲜为人知的中国部队的身影，这就是东北抗日联军教导旅，俗称88旅。

东北抗联的成立

“九一八”之后，东北各界为抗击日本帝国主义的侵略，自发组建起抗日义勇军，一度发展到三十万之众。当时中国共产党在东北还没有自己的武装，中共满洲省委一边积极支持和指导抗日义勇军的抗日斗争，一边开始组建党直接领导的抗日游击队。1932年底至1933年初，义勇军大部相继失败，中共领导的各支抗日武装开始登上历史舞台。1936年，这些抗日武装统一建制为“东北抗日联军”，逐步发展为11个军，后整编成三个路军。

朝鲜沦陷后，大量朝鲜人流亡中国东北，其中包括许多朝鲜革命者。在东北抗战时期朝鲜革命者也组织了抗日武装，后大部分编入东北抗联。

1936年，关东军宪兵司令东条英机为扑灭东北的抗日火焰，主持制定了《三年治安肃正计划》，一方面调集几十倍于东北抗日联军的军、警、宪、特对抗联施行不间断围剿，另一方面以“集团部落”阻断抗联与东北人民的血肉联系，迫使其失去后援，以切断抗联的生命线。1938年后，抗联进入了最艰难时期。为坚持抗日，抗联领导积极通过正式渠道寻求苏联援助，同时也有部分部队在战斗失利后零星越境进入苏联以求得暂时休整，这样东北抗联便与苏联远东军开始了接触。

日本关东军先后挑起张古峰、诺门坎事件，苏方对其侵略意图保持高度警惕，认识到苏日之战只是时间问题，因此在加强训练远东军的同时，也希望能获得抗联的支持。

由于抗联熟悉日军在东北的战略设施、军事布置，抗联战士具备日后开展情报工作的便利条件。特别是1938年6月13日苏联远东内务人民委员留西科夫叛逃(内务三等人民委员，相当于中将，负责谍报工作。当时苏联正处于“肃反”最高潮，6月13日上午5点30分，他在珲春以东处越过苏国境入满，将随身携带的苏军密码本和其他苏联情报，包括远东苏军的构成编制，驻防，火器等交给日方)，给苏联远东对日情报系统造成重大损失，快速重建远东情报网的可靠选择就转向了抗联。1938年下半年开始，苏联远东军便主动寻找东北抗日联军。

东北抗联教导旅组建始末

1939年4月15日，苏联元帅、时任国防人民委员(相当于国防部长)伏罗希洛夫和内务人民委员(相当于内务部长)贝利亚在关于给予中国满洲游击队运动援助的命令中提出了新政策，“在中国游击队领导请求的情况下给游击队提供武器、弹药、粮食和药品方面的援助以及领导他们的工作”，并要求从扣留的游击队员里派一些经过审查者回东北进行侦察活动，并提供帮助；责成内务人民委员部哈巴罗夫斯克边疆局局长、滨海边疆局局长和赤塔局局长全力协助军事委员会开展工作，其中包括审查和挑选从东北过来的被拘留游击队员，把他们交给军事委员会并派回东北侦察。

7月份，苏方释放扣押在哈巴罗夫斯克一年半之久的东北抗日联军军长赵尚志、戴洪斌、祁致中及一百多位抗联指战员并提供武器装备，让他们重返东北。1939年苏联远东军又派专人进入东北，寻找抗联领导人周保中，请其入苏。

1939年底，周保中、冯仲云、赵尚志在哈巴罗夫斯克召开吉东北满联席会议，史称第一次伯力会议。会议第二阶段，东北抗联与苏联远东边疆区及远东军共同协商合作，形成“三一九指示提纲”，确定在东北党组织及东北抗联没有与中共中央取得联系时接受苏联远东边疆区党委及远东军临时指导。苏方对此有几点建议，包括组织问题，给养问题，组织根据地，侦探工作，党的政治工作，同群众的关系，在群众(中)之工作，对敌兵士和警察的关系，青年中之工作，对少数民族关系，鼓动和宣传工作等。至此，东北抗联与苏联建立正式合作关系。1940年9月，苏联与东北抗联的联络人王新林邀请抗联各军领导年底到哈巴罗夫斯克开会，史称第二次伯力会议。

1940年底，第二次伯力会议同期，由于斗争环境持续恶化，根据第一次伯力会议苏方的允诺，抗联大部相继越境入苏并组建南北两个野营进行冬季休整，准备第二年春重返东北。1941年初，第二次伯力会议后，有的部队已先期返回。由于4月13日苏日签订《苏日中立条约》，为遵守条约苏方停止安排抗联主力继续返回，这一决定使抗联指战员思想出现波动。周保中一边做指战员思想工作，一边与苏方协商，在充分理解苏方的前提下建议组织小部队返回东北坚持斗争，得到苏方认可。此后几年，抗联先后组织了十几支小部队不间断返回东北，坚持东北的抗日武装斗争以及对关东军的军事侦察。

在主力部队大部暂时不能返回东北的情况下，抗联随即展开了军事训练，特别是1941年7月份抽调了一部分指战员进行了一个月空降训练。这一训练科目让东北抗联的指战员既新鲜又兴奋，训练成绩尤其令人振奋。为使部队更有效地提高军政素质，周保中考虑将南北野营的人员集中，组建一个学校或教导队性质的机构，对部队进行有计划而系统的军政整训。从1942年上半年开始，周保中与苏联远东军有关领导进行了细致的讨论和筹备，最后决定组建东北抗联教导团并报苏联最高统帅部。斯大林在批复报告时建议将教导团改为教导旅，这样对训练和部队供给更有利，不足人员可抽调和征召一批远东军及远东地区俄籍华裔青年补充。同时授予该教导旅以苏军番号："苏联远东红旗军第88独立步兵旅"。王新林在向周保中解释时说：第一是保密，即不在日后公文中出现东北抗日联军字样；第二将教导旅列入苏军财务计划，保障部队供给。周保中接纳了这一建议。1942年8月1日，教导旅正式建立。

东北抗联教导旅的军政整训

苏联远东军司令员阿巴纳申科大将对教导旅的建立指示：

1. 中国特别旅(东北抗联教导旅)成立目的是培养中国东北各省民族革命战争中军事干部，"一旦满洲大转变处于新环境时，中国特别旅应起重大作用，成为远东红军与中国红军之连锁，从而使中国东北民众从日本帝国主义的压迫中解放出来。因此，旅的建立，必须加速训练，完成任何时期的战斗准备"。

2. 旅的指挥员、政治工作人员不但要“领会战略战术与游击运动的原则原理与经验，同时必须精通现代各种兵器技术技能”。

3. 必须特别注意“构成战斗的神经系的通信联络，因此，旅应培养数目众多的无线电通信技术干部”，“旅的全员应是将来东北建大军之基干。希望努力完成此项任务”。

教导旅组建时，从远东军抽调一批军官编入教导旅作为军事教官。全旅编为四个步兵教导营和两个直属教导连(迫击炮连和交通连)，1943年交通连改编为通信营。旅长周保中(少校，1943年晋升中校)，政委张寿篯(少校，1943年苏军改为一长制后改任政治副旅长)，副旅长石林斯基(少校，后晋升中校)，巴达林(少校)，参谋长杨林(沙马尔钦克大尉)，副参谋长崔石泉(崔庸健)，第一营营长金日成(大尉，曾在东北抗联担任团长、师长和第一路军第二方面军指挥)，政治副营长安吉(大尉)，第二营营长王效

1944年秋，一次军事演习后教导旅部分干部合影。前排左起巴达林、张寿篯(李兆麟)、王一知、周保中、金日成、什林斯基。二排左起张光迪、冯仲云、王明贵、王效明、崔石泉(崔庸健)、彭施鲁。三排左起杨清海、徐哲、姜信泰、金光侠、金铁宇、隋长青(刘建平)。四排左起安吉、朴德山(金一)、崔勇进、陶雨峰、金京石。

明(大尉)，政治副营长姜信泰(大尉)，第三营营长许亨植(许亨植牺牲后王明贵上尉继任)，政治副营长金策(大尉)，第四营营长柴世荣(大尉，后由姜信泰继任)。政治副营长季青(上尉)。教导旅组建后，除派遣的小部队和在东北坚持斗争的部队外，全部转入军事政治整训。为其圆满完成东北抗日斗争的历史使命，在军事上、政治上、思想上做了充分准备。

在此后的军事训练方面已不同于野营时期，具有正规化、现代化的特点。在苏军军事教官指导下，参照苏军《步兵训练大纲》结合战时需要和东北抗战的实际，有计划地进行现代化及特殊军事技能的训练。其训练课目包括步兵常规的射击、投弹、刺杀外，在特殊军事技能方面有无线电通信、爆破、徒手格斗、武装泅渡、滑雪、空降(跳伞)、汽车摩托车驾驶、识图、绘图、军事地形、照相、野炊、战地救护、侦察、警戒、架设铁丝网、步兵班排的进攻与防守等；每年冬季以滑雪训练方式进行野外拉练，行进途中要完成多种课目，如战斗编组、战斗警戒、遭遇战等训练。在军事训练上周保中特别强调射击，他要求每一名指战员都要成为朱德式的神枪手，因为在现时战争的条件下，射击仍是最有效消灭敌人的手段。所有训练课目都为小部队派遣返回东北进行军事侦察提供了保障。到1944年，教导旅已能独立完成指挥营、连攻防对抗的演练。

为提高部队政治素质，加强组织纪律性，教导旅以多种形式进行政治思想教育，《中国历史》《中国革命斗争史》《联共(布)党史》，中共中央《关于增强党性的决定》、毛泽东的《论持久战》《中国革命斗争的战略问题》《反对自由主义》《改造我们的学习》《整顿党的作风》《反对党八股》，周恩来的《论苏德战争及反法西斯斗争》，朱德的《建立东方民族反法西斯统一战线》，《新华月报》和《救国时报》等，都成为政治、思想、文化教育的教材，以讲课、自学、讨论、出壁报及文艺演出形式开展得有声有色，不仅扫除了文盲，还使部队的政治思想觉悟和作战能力得到很大提高。

对日最后一战

1945年5月，德国战败，盟国遂将全部力量集中到对日本的最后一战，苏联开始筹备对日的远东战役。

在此期间，教导旅加紧了军事训练。周保中参加了苏联远东方面军最高军事会议并接受任务。7月，教导旅抽调290名指战员进入东北，对日本关东军的三道防线、17个筑垒、驻军、铁路、公路、机场、河流、桥梁等，进行了最后的战略侦察。经汇总上报苏联远东方面军及最高统帅部，连同几年来的军事情报经苏联最高统帅部情报部门综合分析后编印成《日本关东军战略要图》，发到苏联远东方面军连以上干部人手一册。教导旅营区内几乎每天都有苏军指挥员来了解东北情况，每次他们都能得到中国指战员的热情接待和讲解。

同月，苏联远东方面军又抽调教导旅340名指战员分别编入苏联远东方面军第一、第二和后贝加尔三个方面军，作为战时向导和翻译，于8月9日凌晨引领苏军先头部队首先进入东北。接着，8月9日夜，160余名指战员分编成几十个特遣小分队，分乘四架飞机空降到东北指定地域，每个小分队配备无线电报话机，将所在区域日军动向报告给苏军指挥机关，指引苏军对日军的炮击和空袭。

在远东战役最艰苦的攻克虎头要塞、东宁要塞的战斗中，都有东北抗联教导旅指战员的身影，几百名教导旅指战员牺牲在反法西斯战争的最后一役中。由于战斗进展出乎预料的顺利，原准备编入苏联远东第二方面军战斗序列的东北抗联教导旅主力部队，跨过黑龙江向佳木斯攻击的计划已没有意义，经研究决定改变行动计划，即教导旅的中国指战员编成几十个工作组，随苏军进驻57个战略要点，以当地苏军卫戍区副司令身份协助苏军工作。根据东北党委员会的指示：回到东北后迅速组织开展建党、建军、建政工作，将东北抗日联军改组为东北人民自卫军。

战后，苏联远东方面军总司令华西列夫斯基元帅专门给东北抗联教导旅发来电报：“88旅英勇的中国战士们，感谢你们用生命和鲜血换来的情报，为我们远东军进攻中国东北起了重大作用。特别是在日本关东军戒备森严的要塞、筑垒地区所进行的侦察、营救活动，高度体现了中国战士的优秀品格和顽强的战斗精神。令人敬佩的中国英雄们，我代表苏联人民感谢你们，并致以崇高的敬意。”

至此，东北抗日联军胜利完成了历史使命，在中共中央东北局领导下投入了新的战斗。

章乃器：从银行练习生到君子

潘大明

无可奈何成“账房”

1921年的上海，已显现远东大都市的风采。入秋，25岁的章乃器只身再次来到上海，重返浙江地方实业银行做一个小小的营业部科员。在他潜意识里，这座城市充满着活力和机遇，可以成就自己的人生。这个认知源自他之前走过的一段曲折路。四年前，他以优异成绩从浙江省立甲种商业学校研究科毕业，校长周锡经器重他，介绍他进入总部位于杭州的这家银行做练习生，不久派往上海的分支机构，待遇月得两元津贴。章乃器后来在《我的研究动机和研究经历》中回忆：“这是十分违反我的‘圣贤、英雄’思想的；我对于打算盘、记账簿……一类的‘市侩生活’，自来是十分鄙视的。”他在《七十自述》中回忆：“孤僻的个性和傲慢的态度，使得我和职业生活格格不入，苦闷牢骚又使得我沾上了饮酒赋诗的名士气。这就招致了胃溃疡重症，不久还并发了肺结核……”他依法练习静坐，同时改变生活习惯，奇迹般恢复了健康。

身体好了，金饭碗丢了。他孤身一人跑到京兆地方通县(今北京市通州区)，出任月薪16元的京兆通县农工银行营业部主任。落后的北方小县城，令他压抑。随后到来的五四运动让他振奋，独自一个人跑到北平，从前门火车站下了车，步出车站，前面排列着一队不知从哪里来的学生，手里持着横幅，一脸的严肃而悲痛的神情。“这一队为了要挽救民族危亡而不怕牺牲自己的纯洁青年，使我起了无限的爱慕，留给我永远不能磨灭的印象。”他想不出来用什么方法加入这支队伍，倘若那时候有人向他“援手”一下，他会感激不尽。“在北平城里盘旋了大半天，始终找不出来一条通时代巨流的路。于是，我就只好在‘望

青田县大路村，章乃器少年曾在此地生活、读书

洋兴叹'之后，搭着车废然而返了！"后来他在《我与青年》中记录了当时的情景。

这家小银行由北洋政府开办，人事变动不断，他又下了岗。因祸得福，他再次来到北平，经朋友介绍谋到中美实业公司会计主任的职位，月薪80元，供膳宿。公司系中美合资，从事贸易和投资。章乃器因不满外方管理人员的作风和态度，冲突加剧，愤然辞职。

失业、无助、贫困、流浪，不得不回青田老家，与早年定下娃娃亲的王镜娥在大路村(今青田县船寮镇大路村)结婚。

经过坎坷和磨炼，重返上海的章乃器已变了一个人，踏踏实实做起了银行小职员，身上"名士气"全消，上海的灯红酒绿只是眼前的云烟。他两点一线，从银行到宿舍，虽然要经过那些浮华的大街，但一门心思学习业务，他在《我的研究动机和研究经历》中回忆这一段："毕竟为了敌不过生活的压迫，事实教训我还只有重新修养一些吃饭的技术——服务金融界的偏于技术的知识。在那几年中间，我除了练习珠算、簿记和英语以外，对于金融市场、银行组织、银行业务、商业法规等，的确是研究得很多。业务接触上所给我的经

章氏三兄妹等合影。右立章乃器，中立：章秋阳、左：章雪琴夫妇(1927)

验，着实也不少。我在金融界里一些学术地位，还是那时候打下基础的”，比如英文，自学的效果是可以利用业余时间到补习学校给学生上课。

机会总是留给有准备的人。1923年初，浙江地方实业银行上海、汉口两分行划归商股，定名为浙江实业银行，总管理处设于上海，他的老师陈朵如任上海分行经理，章乃器升任营业部主任，成了银行的重要管理人员。这时，银行注重开拓与外商的业务关系，兜揽外商存款，并为外商洋行企业发行债券、股票，与外商银行、企业有广泛的业务往来。章乃器具有银行和合资企业的就业经验，工作起来如鱼得水，且尽心尽责。

过度的辛劳，使他昏厥在办公室内，患上严重的神经衰弱症。他练习内功拳，每天吃早点前，练习半小时至一小时。凭着坚强的毅力，章乃器身体渐健，精神渐渐地复原了，秃得几乎精光的头顶重新生出了甚浓厚的头发来。

心中有话终要表

1927年初，北伐军节节胜利，章乃器的哥哥章培随东路军进入浙江，逼近上海。上海工人第三次武装起义得胜，弟弟章秋阳担任起义的市民会议代表，章培随北伐军进入上海。形势发展使得章乃器欢欣鼓舞，他和人们一起走上街头，欢呼北伐的胜利，与兄弟相聚在黄浦江畔，留影纪念。

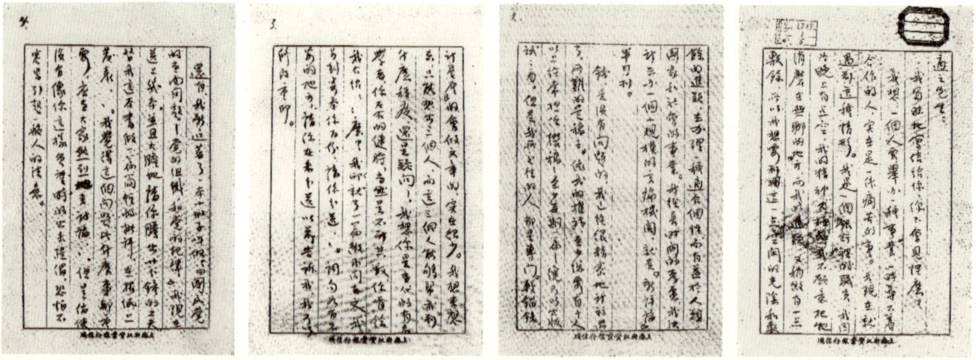

章乃器致胡适函(1927年10月16日)

不久，发生“四一二”事变，共产党人遭到追杀，他利用银行职位的便利，帮助中共地下党人杨贤江转移党的活动经费。杨贤江在武汉一带活动，经常汇款给在上海的同学郑利文，郑又托章乃器将款存入浙江实业银行。有一次，杨汇来六千元，国民党跟踪追查。章乃器得知后迅速将存款全部转移，结清账户。国民党查到银行，一无所获，使钱款安然无恙，郑也避免了一场灾祸。

也许是“圣贤”“英雄”的思想已融渗在血液中，也许是那个时代需要“圣贤”和“英雄”敢于担当，衣食无忧的章乃器，面对“四一二”事变，认为“我们在不久以前，还正在欢呼北伐的胜利，以为祖国从此可以转弱为强，我们这些生活在租界的人也可以不再受外国人的轻视、侮辱了。孰知大好形势突然逆转，国家又濒于危亡，悲痛的心情真是难以言语形容的”。后来他在《我和救国会》中这样回忆。

他要发出声音，办一份杂志，表露心迹。经朋友介绍，他到时事新报馆，结识邹韬奋，谈出版刊物之事；又致信函胡适：“我想要利用这一点空闲的光阴和敷余的进款，去办理一种适合个性，而有益于人类、国家和社会的事业。我经长时间的考虑，我决计去办一个小规模的言论机关……”他请胡适帮忙撰稿，胡适题写刊名后，没有赐稿。

隆冬，上海街头卖报刊的摊子上多了一本32开的半月刊《新评论》。它首倡“做潮流的指导者，不要做潮流的追逐者”，赢得许多青年知识分子青睐，广泛被青年刊物沿用，引起社会反响。章乃器本想以一种超然、纯客观的态度来进行评述。不久，回到了办刊初衷，以孙中山的三民主义为基准，抨击蒋介石集团，最后被禁止出版。

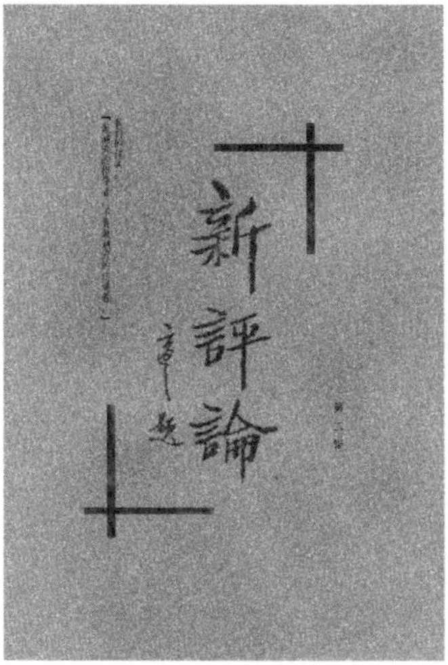

《新评论》封面

中国信征所原址现貌(圆明园路133号)

章乃器独自一人承担《新评论》的撰稿、编辑、校对和组织印刷、发行，在中国现代出版史上，一个银行高级管理人员独自创办时势政治评论性刊物的极为少见。

杂志被查禁了，却意外收获了爱情。办刊期间，他结识了知识女性胡子婴，日久生情，1928年10月10日，他与胡子婴在豪华的华安保险八楼大厅举行隆重的婚礼，银行、企业、文化界来了不少名流道贺，邹韬奋发表热情洋溢的讲话。

早年包办成婚的妻子，黯然回到故里，与那个时代许多成功人士的原配一样成了牺牲品。

银行家蜕变为公知

银行是章乃器的本业，出色的工作使他升任总行副经理主管检查部。在防错、防弊、加强管理等问题上，他采取了不少措施，改进工作，成效显著，挪用行款、贪污舞弊的事不断减少。同时，他坚持按银行规定办事，维护中国人利益和尊严，为当时的银行和工商界人士所称道。有一次，章乃器解送现金到英商麦加利银行，主管人员要他把现金放在那里，另约时间再行点收。章乃器回答："我们送到了，收不收是你们的事。从我送到的时候算起，以后的拆应当归你们负担。"麦加利银行主管人员只能当场点收。银行往来户之间，应由互换有权签发票据的经理人员的中外文印鉴底册备案，凭此核对真伪，各银行均按此规定往来，唯有英商汇丰银行与华商银行往来时，出现由其他人员签发票据，与原备案印鉴不符，违反规定。章乃器坚决抵制，予以退回。

章乃器不仅在银行实务中建树颇多，在实务中他善于发现问题，加以分析、研究，成为银行和金融问题专家，在《银行周报》发表具有影响力的文章。

这有助他在业内建立声誉。1932年6月，他出面联合上海各华商银行，成立了行业的公用机构——中国征信所。征信所采取会员制，负责调查银行客户信用。这是国内第一家由国人创办的此类机构，他出任董事长，以“审慎以求真”“忠实公正以求善”“详尽明晰以求美”，将调查工作分为调查、复查、审查，各自背靠背独立进行。这种方法既科学又艺术，堪称国人资信调查方面的创举。仅仅4个月时间，业务扩大了三倍，以公平竞争击败了同类型外资机构。征信所编发的《征信工商行名录》图文并茂，超过了过去几十年间最有影响的英国人办的《〈字林西报〉行名录》。

章乃器每周还要安排时间到沪江大学讲授国际金融和银行实务，以后又被聘为光华大学、上海商学院等院校教授，所著《中国货币金融问题》一书，被译成英、日文，成为研究中国这一经济领域的权威性著作，受到国际学术界重视。他成了沪上银行界的少壮派领军人物，出色的银行家、金融问题专家，名声鹊起。

1933年1月1日，《东方杂志》刊登“新年的梦想”征文，章乃器写道：“中国将来的革命，必然是一个向整个的上层阶级进攻的左倾的革命。那个革命的目标，不单是要推翻帝国主义，而且同时要推翻帝国主义的虎伥。当然，这样的一个革命，是要和遍满世界的革命潮流互相呼应一致行动的。”

这一年开局并不怎么好，日军侵占山海关，热河省主席汤玉麟率部不战而逃，日军以128名骑兵前头部队，兵不血刃，进占承德，热河沦陷。日军继续向长城各口大举进攻，中国军队奋起进行长城抗战。章乃器相继在《申报》《新中华》《生活》《申报月刊》《新社会》《大晚报》《晨报》上发表文章，表明自己联合国内一切力量抗日的观点和立场，从而成为具有影响力的公知，并具有鲜明经济学特征，这在当时的公知群体中十分独特。

是年秋，他参加了苏联之友社活动，这个社团中有不少他的朋友，如沙千里、钱俊瑞、钱亦石、曹亮、王新元、金仲华、沈志远等，他们都是社会精英。但是，他并不知道他们中间有的已是秘密中共党员。章乃器回忆道：“在当时，为苏联宣传也是有危险的，有可能被扣上红帽子，甚至被诬为‘吃卢布的赤色汉奸’。苏联之友社的活动不外介绍苏联的政治、经济、社会情况。苏联之友社的社长，大概是宋庆龄大姐，邵力子也占很高的地位。以后到重庆，苏联之友社发展为中苏友好协会了。”

不安现状成斗士

那个时代的精英，总会把宏观和微观、理论与实务自觉联系在一起。在章乃器眼中，脱离实际的高大上理论是一种错误。他的抗战思想，源自1928年的济南惨案，与实际操作紧密相连。此时，他要行动了……

1934年4月20日，上海成立了中国民族武装自卫委员会筹备会，这是宋庆龄根据中共驻共产国际代表团的意见，出面组织1779人联合发起的。章乃器参与了该会筹备工作，成为该会后期重要成员。秘密成立的武自会，命运极为险恶，不久便遭南京政府“围剿”，工作受阻，组织的抗日活动越来越少。到了1936年中期，它大体上处于停顿状态。

大约在这状况出现前一年，章乃器与宋庆龄等人便把目光投向组织更广泛的民间抗日团体，他与沈钧儒、陶行知、周新民等组成10人小组，以聚餐会形式进行活动，讨论时局和救亡的方针，酝酿筹建救国会。章乃器在《我和救国会》一文中回忆：“救国会是从一个十人小组开始的……小组的推动者大概是周新民，而公开召集的是沈老。当时所用的是叙餐会形式，每一二星期叙会一次，上次决定下次会的日期和地点。”

1935年12月12日，章乃器与沈钧儒、邹韬奋、陶行知、李公朴、王造时等上海文化教育艺术界283位知名人士，发表《上海文化界救国运动宣言》，提出坚持领土和主权完整，否认一切有损领土主权的条约和协定；坚决反对在中国领土内以任何名义成立由外力策动的特殊行政组织；坚决否认以地方事件解决东北问题和华北问题——这是整个的中国领土主权问题；要求即日出兵讨伐冀东及东北伪组织；严惩一切卖国贼并抄没其财产；要求人民结社、集会、言论、出版之自由等主张。上海文化界救国运动的倡导者为宣传抗日救国主张，组织大规模示威游行，章乃器任行动总指挥，走到宣传抗日救亡的前沿。不久，上海文化界救国会在宁波同乡会举行成立大会，他与沈钧儒、邹韬奋、李公朴等27人被选为执行委员、常务委员。

1936年，章乃器恰逢40岁。1月1日，他在《知识》杂志上发表《由爱国救国说到误国卖国》一文："倘使一面高谈'培养民力'，而一面不惜用内战的手段来消耗民力，用屠杀来消灭优秀分子，不问他自命如何救国，事实上已经证明他是促国家的灭亡。"

不日，他与顾名、沈钧儒、王造时等推动上海各大学教授救国会成立，决定对全国学生的爱国救亡运动，尽力应加以援助，教授应站在学生前面，负起领导学生救亡的责任。二十天后，章乃器在上海市商会大礼堂，出席纪念"一·二八"淞沪抗战四周年和上海各界救国联合会成立大会，他与沈钧儒、李公朴、陶行知等被推选进执行委员会。会议结束后，他与大会主席团成员一起率领群众游行，由宝山路江湾路直至庙行"一·二八"淞沪抗战无名英雄墓，一路高呼口号，高唱《义勇军进行曲》等抗日歌曲，沿途不少群众加入游行，队伍扩大达两千余人。

国民党中央宣传部发表《告国人书》，认为文化界救国会"其宣言不曰反对中央，即曰颠覆政府"；是"赤色帝国主义者之汉奸""其有不听劝告，估恶不改，是则甘心受共党之利用""当予以最后的严厉之制裁"。章乃器起草《上海文化界救国会对中宣部告国人书之辨正》，进行批驳。

3月下旬，突然发生大批军警潜入复旦大学逮捕爱国学生，开枪、殴伤学生及该校教职员工事件。章乃器闻讯后，与沈钧儒、史良、沙千里、吴耀宗等前往市政府，会晤上海市长吴铁城，提出立即释放被捕学生；严惩失当公务人员；确保以后不发生同类事件。

章乃器主张成立的全国各界救国联合会，于这年5月底在上海博物院路中华基督教青年会一间不大的会议室里宣告问世，来自20余个省市、60余个救亡团体的70余位代表出席，会上通过了《宣言》和《抗日救国初步政治纲领》两个重要文件，建议各党各派立刻停止军事冲突，释放政治犯，派遣正式代表进行谈判，制定共同抗敌纲领，建立一个统一的抗敌政权。全救会愿以全部力量保证各党各派对共同抗敌纲领的忠实履行，制裁任何党派违背共同抗敌纲领的行为。大会声明全救会现阶段的主要任务，就是促成全国各实力派合作抗敌，没有任何政治野心，没有争夺政权的企图，组织全国救亡只不过是尽一份人民的天职，站在人民的立场，不帮助任何党派去攻击其他党派，保持高度的超然性和独立性，维护民族共同利益。会议举行了两天，会上章乃器与沈钧儒、李公朴、王造时等15人被选为常务委员。会后，全救会在各报上发表了措辞激烈的对时局紧急通电，"我中央当局，亟宜立示决心，领导于上；全国民众，自应群起响应，督促于下。务

虎丘路131号建筑景

使全国兵力，一致向外，抗日战争，立即展开，恢复我已失之河山，拯救我被压迫之同胞……”这些宣言、纲领、电文大部分出自章乃器笔端。

吴铁城得悉后，通过市府秘书长李大超，打电话邀请章乃器与沈钧儒、邹韬奋、李公朴四人到市政府便餐。饭后，吴铁城表示，要组织抗日政府，就是要推翻国民政府。章乃器与战友们回答：“市长既然说政府是要抗日的，那末，现政府就会转变为抗日政府，有什么推翻另组的可能和必要呢？”吴铁城说：“你们有了全国性的组织，又有独立的主张，那就是对抗国民政府的，那不是要另组政府又是什么呢？现在我宣告你们的组织为非法，命令你们：立刻通告解散；销毁所有印刷品。否则，便把你们拘留起来！”

章乃器回忆：我们从容镇定地回答他：“全国各界救国会联合会，如同它的名称所表示的，是全国各地的救国会的代表联合组成的，我们没有权力解散它；印刷品已经统统发出去了，没有留存的了。市长要逮捕我们吗？那应当依法由法院出拘票来拘捕。市长邀我们来吃饭，就把我们扣起来，这绝不是市长所应该做的，传出去是要闹笑话的？”

这年的中期，时局变得格外严峻。救国会组织千余市民、学生开赴北站，请求站长发列车赴京请愿。北站被请愿队伍占领，到南京的铁路运输中断。军警以请愿团不听劝告，拟强迫驱散，派出大批手持竹竿的警员赶到现场。请愿团为避免流血事件，全体撤出火车站。请愿团活动没有达到去南京请愿的预期，却造成了东方大都市上海的铁路运输中断六小时，引起中外各界关注。

这次，惊动了蒋介石。他邀请章乃器与沈钧儒、李公朴赴京叙谈。蒋介石对章乃器说，你在银行里工作得很好，肯研究问题，有事业心。……之后，大家沉默了片刻，问起对日准备情况。蒋介石说：“日本人是要我们不战而屈，我现在有把握可以战而不屈。”章乃器和沈钧儒等人表示：“那太好了，可以立即反攻了，何以华北还要退让呢？”蒋介石重弹什么“共产党捣乱后方，他们不要国家”的老调。

章乃器希望蒋介石“以百姓为心腹，以舆论为耳目”，不要偏听偏信。谈话结束，蒋介石请章乃器他们吃了西餐午饭，还让陈布雷作陪。

之后，章乃器访问了总角之好陈诚。谈话中，章乃器抓住了蒋介石“可以战而不屈”的话问：“那为什么仍然不战而一味对敌屈服，继续打内战呢？内战再打下去，一定会把这点可以‘战而不屈’的本钱都输光。还要特别注意，人心愤懑已经到极点，再不抗战就要发生内部瓦解的悲剧。”经过一番辩论，陈诚承认说不过章乃器，赌咒发誓地说：“我们将来总是还要见面的。假如蒋先生终于不抗日，你拿刀来砍我的头好了。”

章乃器在促进全民联合抗战、实行抵抗的道路上，已成为斗士而一发不可回头。回上海不久，他与沈钧儒、李公朴、王造时等人成立上海著作人协会，在成立大会他说：“……我以为联合战线，不是折中的，调和的，也不是说各党各派的人，参加了联合战线就放弃他们的主张。而是在一个同样下一致对外。”

辞职毁家为纾难

南京政府的劝说不奏效，便发出威胁，吴铁城对浙江实业银行总经理李铭说，你们银行不应该容留章乃器这样的人，不去掉他，对你们十分不利。第二天，李铭找章乃器谈话，转告了吴铁城的警告，并表示："你还是出国吧，银行出钱送你到英国去留学，这里的薪水照发给你家用。你到英国去学习三五年回来，那时不但银行需要你，国家也需要你。"章乃器回答："那还是让我辞职吧。我不能让银行受累，也离不开救国会，那是关系国家存亡的大事。"

章乃器花了一个多小时办好辞职手续，头也不回走出银行大门，继而辞去了与银行有连带关系的中国征信所董事长一职。

章乃器在《我和救国会》中回忆："离开银行后，'无职一身轻'，对救国会的活动更加活跃了。由于从银行里领回了一笔几千元的行员储蓄金本息，生活也没有受窘，对救国会经费的支应也没有减少。工商界上层人士一面批评我太傻，但另一面对我的奋不顾身的爱国热忱都甚表尊敬。当时有一家造纸厂还要聘我当总经理，被我婉言谢绝了。"这就符合上海人的一句话：仍然"吃得开"。但是，他还是把在江湾新落成的别墅卖了，居住在法租界拉斯脱路慈惠村24号(今太原路慈惠村)的公寓。

1936年 7 月初，国民党在南京召开第五届二中全会，章乃器与沈钧儒、史良、沙千里等人决定赴京请愿。清晨，请愿团抵达南京，国民党中央拒不接受请愿。请愿团提出，在大会上发言五分钟的要求，请大会议决立即对日抗战，开放民众救国运动，保障言论出版自由，并释放政治犯，停止内战。国民党迟迟不给与答复，章乃器和沈钧儒等人决定闯会场，受到大会警卫部队阻拦。交涉后，进入警卫处等候是否接见的答复。南京市长马俊超姗姗而来应对。章乃器责问："民族危机日甚，政府不思抗日，敷衍民众抗日热情，不惜尽摧残之能事，怎能说我们拿抗日与政府作对呢？如果政府早日实行抗日，岂不是全国早已实现一致对外了吗？"马俊超表示："中央对开放民众救国运动，从不压迫，若地方当局有所压迫，是他们的错误。但是民众应该遵守纲纪，不能以民众运动为借口与政府捣乱。"马俊超的说法，遭到反驳。

次日，在南京礼查饭店章乃器主持记者招待会，中央日报、中央通讯社、新民报、大公报等近三十位记者出席，介绍请愿经过、全救会的态度及主张。

这年中期，中共与章乃器等救国会领导人取得联系，冯雪峰率先以中共党员身份与章乃器接触。不久，潘汉年、胡愈之由苏联经法国抵达香港，胡愈之根据潘汉年的意见，说服救国会领导人邹韬奋、陶行知用接近《八一宣言》的基本观点，起草《为抗日救亡告全国同胞书》。邹韬奋、陶行知签字后，邹韬奋携带该文回沪，征求沈钧儒、章乃器的意见。章乃器看后认为，调子过于低了一些，便动笔作了大量修改，定名为《团结御侮的几个基本条件与最低要求》，由四人共同署名，在《生活日报》《生活知识》等报刊上发表，并发行单行本。他在文中表示：中国共产党于去年八月一日发表宣言，主张停止内战，联合各党各派，共同抗日救国。中国红军领袖也迭次发出通电，吁请各方面停战议和，一致对外。我们赞成中国共产党和中国红军这一个政策，而且相信这一个政策会引起今后中国政治上重大的影响。他们表示："抗日救国的基本队伍，当然是人民大众。……要是没有民众的参与，断然谈不到抗日救国。同时在救亡联合战线中，也只有民众是最热诚的，最坚决的，最坦白无私的。"

毛泽东于同年8月10日致信章乃器等四人，婉转地批评该文把过去的争论归集为抗日斗争的方法和"安内""攘外"的先后上，认为"这只是表面上的，实际上是有些人在民族叛徒与民族英雄之间动摇，在抵抗与投降之间选择道路"。后经潘汉年汇报共产国际与中共代表团的情况，以及国统区的抗日救亡运动。潘汉年离开陕北重返上海时，携有毛泽东给章乃器他们的信函。毛泽东代表中共中央，对章乃器等人所著《团结御侮的几个基本条件与最低要求》一文，作了肯定答复，并在信中说："我委托潘汉年同志与诸位先生经常交换意见和转达我们对诸位先生的热烈希望。"

君子在危难中诞生

"九一八"事变过去了五年，纪念日即将到来。章乃器与救国会其他领导人提出举办大型的群众性纪念活动，上海市政府同意了。南京政府却顾虑重重，授意吴铁城设法阻止。经杜月笙、钱新之、黄炎培等人与市政府磋商，救国会不得已放弃原计划，改在远离市区的漕河泾地区举行，且限定人数。9月17日，政府又找借口给予取消。一切进入僵局，章乃器他们没有退缩，当晚发动两千人进行"游击宣传"，每宣传队四人，散布在上海的大街小巷。宣传队员向群众分赠宣传品，宣传结束内战、团结一致抗日的主张。

汇聚到小东门的妇女界游行队伍

次日，章乃器与沈钧儒、李公朴、王造时、史良以及大批救国会成员和群众向南市小东门集结，准备乘车赶往漕河泾，不想大批军警已暗伏在小东门一带，见市民聚拢，便挥舞棍棒驱散人群，手无寸铁的群众被迫撤离。一部分群众在王造时、史良率领下，突破警戒线，向老西门进发，高呼纪念“九一八”口号，高唱救国歌曲，秩序井然。老西门已布置下了警察和便衣侦探，游行队伍一出现，军警们一拥而上，用刺刀和棍棒殴打示威者，血案终于发生。人群里响起了“中国人不打中国人”的口号，可已受命的军警挥舞棍棒扑向示威者。游行人群顿时四处散开，有的避入沿街商行，有的逃到弄堂深巷。军警们不顾一切追赶、殴打，不少妇女、儿童遭到暴虐，无法逃脱，遍体鳞伤。冲突持续了四十分钟，被殴伤者达百十余人，被捕失踪三十余人。老西门一带警笛狂啸、人嘶车鸣、鲜血涂街……救国会在宁波路邓脱摩饭店举行记者招待会，向新闻界通报惨案真相。章乃器发表讲话：“对敌人束手无策，一味乞怜，而对自己的同胞，则压迫唯恐不周，摧残唯恐不毒；这种误国的官吏，我们不能不宣布其罪状于全世界，以求人类理智的裁判。”

10月19日，鲁迅静静地躺在大陆新村9号寓所的卧室里离世。他的葬礼以救国会名义主办，通过葬礼发动一次民众抗日示威游行。那日，出殡队伍近万人，一路上抗日口号不绝，抗日歌曲起伏。到了墓地，安葬仪式由蔡元培主持，章乃器与宋庆龄、沈钧儒、内山完造先后报告生前事略。他在墓地发表演说：“鲁迅先生所以伟大，是在于他的笔，肯为全世界被压迫大众讲话，肯为特别被压迫最厉害的中国民众讲话。纪念鲁迅先生，我们必须发起一种鲁迅运动，使没有参加联合战线的人，都觉悟了来参加；使每个人每天都做一小时有利于民族解放的工作；每个人都应该学鲁迅先生，为全世界被压迫者讲话，而且至死不屈！”

他与沈钧儒、邹韬奋、史良等代表救国会献“民族魂”黄绸旗，覆盖在灵柩上。

鲁迅葬礼的第六天，《日日新闻》透露出一则惊人的消息，蓝衣社上海特区高级会议决议：“将王造时、章乃器、邹韬奋等数十名抗日救国联合会首脑，以对付史量才之手段处以死刑。”

时局紧张，压迫得人们无法透气，章乃器等人将被捕的消息，不胫而走。他也有所闻，有的流传渠道还十分可靠，畏惧、逃遁、隐匿是软弱、卑琐，唯一的出路就是继续战斗下去。

11月初，上海出现了大规模的日商纱厂工人罢工。日商纱厂工人罢工孕育长久，这年初，日商大康纱厂工人梅世钧被日方管理人殴毙，引起社会哗然，酿成一次波及上海主要日商纱厂的罢工活动。救国会机关报的《救亡情报》一直关注日商纱厂劳资间日益尖锐的矛盾，不断发表文章揭露了日商残害中国工人血淋淋的事实，引起社会震动。同时，该报也悄悄在一些日商纱厂工人中流传，日商纱厂出现了工人自发组织起来的救国会，罢工、

1936年10月22日，章乃器与宋庆龄为鲁迅送葬

章乃器在鲁迅葬礼上

怠工不绝。终于，酿成了11月声势浩大的反日大罢工。这是章乃器希望看到的局面，扼制日商剥削，可以减少日本经济利益，从而有利于中国抗战。

孙中山先生诞辰日那天，救国会在静安寺路女青年会召开纪念会，会议最后，沪东区日本纱厂一名女工登台演说，揭露日商的残暴和工人们的反抗，引起与会者同情和义愤，纷纷慷慨解囊援助工人们的正义斗争。章乃器与沈钧儒等人解囊援助，并当即致电国民党桂系高级将领李宗仁，请求支持日商纱厂工人罢工，给予罢工道义和物质援助。他们呼吁大中学生、其他工厂里的工人、店员、公务员、市民和全国同胞，团结一致，缩衣节食援助日厂罢工。这样，必然可以在这个经济斗争当中，使日本帝国主义完全屈服。

同日，发起成立日商纱厂罢工后援会。后援会把募集来的钱款换成米票，发给罢工工人兑换成米，保障了他们的生活和罢工顺利进行。得到援助的日商纱厂大罢工，直接影响了日本在华利益，日商受到沉重打击。

章乃器在《救亡情报》“时事一周”专栏中写道：“久受奴隶待遇的上海日纱厂工人，他们是不愿意再做亡国奴了，这是救国阵线力量扩大的一个重大的表征。”

这下惊动了日本人，日本驻上海总领事若杉派寺崎到上海市政府与市府秘书长俞鸿钧协商罢工解决办法。日方认为，丰田纱厂罢工超出劳资纠纷范围，纯属暴动，其背后有救国会、共产党派不法分子支持。寺崎提出立即逮捕罢工支持者章乃器、沈钧儒、李公朴等人。俞鸿钧表示，这些人员早已在监视中，但由于他们的社会影响，需要有确凿证据才能逮捕。寺崎急不可待地说：“那是遥遥无期，必须立即动手。”他以出动日本海军陆战队相威胁，又说：“倘使今后再惹起同样事态，说不定将发生不测的情况。”

试图想着避开中日争端的南京政府，在日本帝国主义要挟下，正准备着一场大逮捕。11月23日凌晨，章乃器寓所响起一阵急促的敲门，他猛地坐起，很快意识到自己劫数难逃。

门开后，涌进十多个警探，一下子把他包围住。为首的法国警官用英语对章乃器咕哝了几句。他点点头，回答说自己要打电话给朋友。他拨通宋庆龄的电话，告诉她自己被捕了。放下电话，他又上楼换衣服，妻子胡子婴一边嘱咐他穿暖点，一边替他披上大衣。两个包探在书房查抄他们需要的证据，对胡子婴说：“不是我们巡捕房要来，是上海的公安局长要我们来打扰的。你看，他们还派人和我们一同来。”果然，楼下的十几个警探中有几个与法租界巡捕装束不同的人，正在屋内四处翻腾。警探们带着几捆救国会的宣传品上了车。

江苏省高等法院

章乃器敞着大衣走出大门，来到户外。西风扯起他的衣摆，早谢的头顶上几缕长发不安分地搭在眼前。他扣好大衣，用手指整理一下头发，登上警车的铁梯……

与他同时被捕的还有沈钧儒、邹韬奋、李公朴、王造时、史良、沙千里，史称七君子事件。章乃器被关押在法租界卢家湾巡捕房(今建国中路20号)。

日本驻上海总领事若杉致日本外务省有田外务大臣第500号密电："救国会后台之章乃器、李公朴、沈钧儒、史良、王造时、邹韬奋、沙千里已于昨二十二日夜一举逮捕。中国方面希望公共、法二租界不拘泥于法规常例，将逮捕原委公诸报端……"

七君子被捕的消息，迅速传遍海内外，引起中外社会各界进步人士同情和支持，连国际著名人士爱因斯坦、罗素、杜威、保罗·孟禄等都向蒋介石、孔祥熙等南京政府要员发出电报，对七人被捕表示深切关切。

身陷囹圄抵制反省

被捕当日，章乃器与其他六人分别被保释。次日，归案收监。这年12月 4 日傍晚，他与沈钧儒、邹韬奋、李公朴、王造时、沙千里被押解到江苏省高等法院接受审讯，移送吴县横街看守分所，开始长达239天的监狱生活。

他被关押在看守所新建成的病监里，病监为封闭式小院落，一排六间监室，章乃器和邹韬奋同住第五号监室。他们组成临时家庭，推举沈钧儒为家长，章乃器担任会计部主任，伙食、茶叶、草纸等开支的财政大权，都由他掌握。

这个家庭规矩很大，规定作息时间 8 时起身、 9 时早餐、10时至12时工作、12时午膳，14时至17时工作、18时半晚饭、19时半至22时工作、23时前就寝。值日也规定周一沈钧儒，周二邹韬奋，周三章乃器，以此类推，一人一天，谁也不落下。规定被制成图表，贴在餐室兼工作室墙上。

七八点钟起身后，洗完脸，章乃器与难友们一起到天井里跑步，他可以跑25圈。之后，他练习形意拳，沙千里也跟着他学。早餐后，他写杂文之类小块文章，宣传抗日主张，外面不少报刊还等着发表。后来，这些文章结集成《民众基本论》《抗日必胜论》《出狱前后》出版。一旦有访客到来，章乃器他们仍向来者宣传抗日。

进入看守所后，他与难友们生活平静，一切按时进行。即使十天半月的一次侦讯，他也不在乎，反正是翻来覆去老一套，根本没当作一回事。救国有什么罪呢?

然而，这种平静被打破，法院突然宣布不许六人见任何人，包括家属。看守所外增设武装巡警和宪兵。章乃器回忆：“双十二西安事变，张学良、杨虎城两将军的通电，重点提出了释放我等的要求。于是，陈果夫就在国民党高级会议中提出枪毙我们的主张。冯玉祥将军很机智地用几句话挽回了这个危局。他说：‘我们的人被扣在西安的不止七个，而且中间有蒋委员长。这时千万不能动杀机！动了杀机我们的危险太大。’于是陈果夫就只好沉默……我们准备高呼爱国口号，从容就义。”

张学良与杨虎城向蒋介石提出的第三个条件就是立即释放在上海被捕的爱国领袖们。

1937年 2 月始，国共两党终于坐在判谈桌前，进行第二次合作的正式谈判，释放一切政治犯成了重要的谈判内容之一，时局的发展越来越有利于章乃器他们。南京政府也明白，释放他们是大势所趋。然而，在如何释放的问题上，出现了明显分歧。蒋介石摆出一

友人探望七君子合影

在狱中合影

七君子被武装警察押上囚车

七君子摄于监狱中，左起王造时、李公朴、邹韬奋、章乃器、沙千里、沈钧儒

副广开言路、听取各方抗日意见的样子，准备召开国民大会国防会议，商讨抗战策略，借以改善形象，赢得人心，希望尽早结束七人的案子；陈果夫、陈立夫兄弟俩和国民党中央秘书长叶楚伧却认为章乃器他们必须宣判后经反省院才能释放，这样可以维护政府尊严和威信。叶楚伧授意上海闻人杜月笙和交通银行行长钱新之说服章乃器他们。

侦查一拖再拖，直到4月4日，第二次延期羁押侦查的最后一天，检察官送来一份长达近万言的起诉书。起诉书措辞严厉，列举了十大罪状，主要有组织团体、危害民国并宣传与三民主义不相容之主义。

章乃器他们与21位律师紧急研究起草了长篇答辩状，针锋相对逐条对起诉书作了批驳。认为起诉书把七人的爱国行为诬蔑为害国，将救亡之呼吁指斥成宣传反三民主义之主义，“实属颠倒是非，混淆黑白，摧残法律之尊严，妄断历史之功罪”，希望法庭秉公审理，依法判决，以雪冤狱，伸张正义。“停止羁押，俾得在外候审”成为他们的心愿。

章乃器(右一)等在看守所学习

章乃器在狱中

章乃器在狱中

看望七君子

张仲实(后右一)等看望七君子

韬奋等在狱中唱歌

与妻子胡子婴

章乃器在狱中

左起沙千里、王造时、邹韬奋、沈钧儒、章乃器、李公朴

章乃器在看守所习拳

章乃器他们万万没有想到，国民党内部会有人使出让他们进反省院的招数。杜月笙、钱新之通过沈钧儒儿子沈谦带来了叶楚伧的亲笔信，“沈事宣判之日，自当同时谕交反省院，以便一气呵成”。信函转到狱中，他们极气愤，坚决反对进反省院，回信表示：“就法律方面言，目前尚可撤回公诉，或宣判无罪，此不但无损于政府之威信，反可表示政府之德意，似

在看守所打排球

在看守所打球后与探望家属合影，后排左二张曼韵(李公朴夫人)

不必坚持判罪。就政治救治方面言，判罪后尚可特赦，似亦不必坚持进反省院。”

反对进反省院给了杜、钱当头一棒，他俩无奈，只能亲自去一趟苏州。5月底，杜月笙和钱新之来到看守所，表示政府让你们去南京反省院是为了谈话方便，便于倾献你们的抗日主张。进反省院仅为便于交保之一种手续，并不实际留羁，亦不须签署任何书状。章乃器他们针锋相对，认为倘仅为谈话方便起见，则不论撤回公诉，或判决无罪，或在苏州保释，均可即日赴京而谈，何必多此一举。

他们做好充分的准备，采取不吃、不说、不写的“三不”办法来抵制。审判已经违背了全国人民抗日的意志，当以无罪释放。现在却想把人弄进反省院，岂不是痴心妄想？

蒋介石的处置意见，通过《大公报》社长张季鸾无意透了出来，传到章乃器他们这里。他们认为可以利用国民党内部矛盾，粉碎叶楚伧等人的阴谋。沈钧儒当即给老朋友张

友好人士探望七君子

章乃器

狱中高唱《义勇军进行曲》，左起：李公朴、邹韬奋、沈钧儒、章乃器、王造时、沙千里

左起：王造时、邹韬奋、沈钧儒、沙千里、章乃器、李公朴

季鸾写信，请他向蒋介石面陈七人抵制进反省院的决心。信通过章乃器妻子胡子婴转到张季鸾手里，张季鸾表示："我就给蒋公写封信吧，试试看有没有转圜的余地。"

从侦查结束到开庭审判，风风雨雨两个多月，终于等来了6月11日，法院决定在江苏高等法院刑事第一法庭进行审理。这天，阴沉、闷人，不见一丝阳光。苏州城里谣言四起，有的说有几千人要冲击法庭，也有的说是来劫走七人的。南京政府做了严密防范，全城戒备森严，五步一岗、十步一哨，不时有巡警宪兵持枪盘问过往行人。

开庭审理，除家属、新闻记者外，禁止旁听。审判长宣布开庭。第一被告沈钧儒首先被传唤出庭。之后，第二被告章乃器走上被告席，说到诸如"国亡以后，要爱国也无从爱起，我们主张立即以抗日来爱国""对外求抗日，对内求统一""联合民族一切力量抵抗外来侵略"等词句时，章乃器声音特别响亮有力，审判长时不时提醒他注意情绪。

妻子胡子婴在旁听席上，得悉待审结后送章乃器他们进反省院。庭审后，她把这个消

左起：李公朴、沙千里、沈钧儒、章乃器、王造时、邹韬奋(1937年夏)

息告诉了沈钧儒、章乃器等人。他们紧急与律师磋商，决定依法申请主审和推事回避。第二天，法庭上冷冷清清，法院束手无策，只能宣布改期继续审理。

正在与共产党人周恩来进行第三次秘密谈判的蒋介石，尚不知苏州审判的进展，就在七人申请回避的当天，给秘书陈布雷去电话，讯问七人案情况。陈布雷信心十足地回答："七人一进反省院，办完手续，立刻就可送来。"陈布雷刚放下电话，电话铃又响了起来，是苏州江苏省高等法院打来的，告诉他七人申请回避，案子无法继续审理，不可能送反省院。这时，蒋介石已接到张季鸾转来的信，得悉七人反对进反省院的消息，又给陈布雷打电话，让他迅速释放七人。陈布雷急了，跑到钱新之在南京的寓所，恳请他再次出面约请杜月笙、张季鸾等人去苏州，游说七人。黄炎培、张季鸾由杜月笙的律师陪同，联袂到了苏州。同时，钱新之也从南京出发，凑齐了去横街看守所探望沈钧儒、章乃器等人。

沈钧儒说："我等六人也并非不讲情面者，既然诸先生来访一片诚心，我等总该有些

章乃器等人与黄炎培(左四)、钱新之(左六)等在狱中合影

七君子出狱前在看守所

七君子出狱时合影

表示，好让诸先生回复蒋先生。”

“写封函，请钱先生带到南京，转给蒋先生。章乃器说。”来人纷纷点头称是。

信函很快拟好，六人具名。钱新之等人接过信函，见函中只字未提反省院之事，颇感不满。待来人走后，六人便向他们又发出信函表示：“对于经过反省院一点，钧儒等认为于国家前途无益，于个人人格有损，万难接受，不得不誓死力争，唯有尽其在我，依法应诉而已。”

七七事变后出狱

七人被起诉，引起公愤。自 4 月起诉书一公开，上海几家大报纷纷发表文章，指责南京政府破坏团结，影响国内民众国防心理的形成。开庭前后，全国一些主要城市报纸都撰文公开自己的立场。刚进入延安不久的中共中央决议，要求国民党政府释放七君子和全体爱国政治犯，彻底修改《危害民国紧急治罪法》，给予民众宣传抗战的民主权利。4月24日《解放》周刊发表了《中国共产党中央委员会对沈、章诸氏被起诉宣言》。一时，全国又形成了声援爱国七君子、要求国内联合统一抗日的群众性运动。第一次开审后的第三天，上海五千市民举行抗议大会。大会当场通过要求：宣判七领袖无罪，取消《危害民国紧急治罪法》；肃清亲日派，打倒日帝及汉奸；拥护政府救国。同时，发起释放七人的签名运动，有上万名群众签名。

第二次开庭于6月25日在江苏高等法院刑事二庭审理。被告沈钧儒、史良、邹韬奋、王造时、章乃器、沙千里、李公朴等人排成一行，表情严肃、庄重。询问达七小时之久。

出狱前章乃器(后排右四)与沈钧儒、邹韬奋、李公朴、王造时、沙千里以及家属们的合影

图为第二次开庭前，上海各界爱国人士代表前往看守所慰问七君子

旁听者仍仅限于家属和新闻记者。10时，开庭审理，主审判长朱宗周对各被告所讯问之要点，有全国救国联合会宣言中所谓“联合各党各派”及“建立一个统一的抗敌政权”之意义；《团结御侮的几个基本条件与最低要求》一书中所列有容共嫌疑之字句；救国会与毛泽东及共产党之关系；日商纱厂之罢工及学生之罢课，与各被告有无关系；与张学良有何关系及与西安事变有无因果；等等。审判长对上述各项问题，反复讯向，态度异常和蔼。各被告之供词，亦均大同小异。且供词之主旨，与十一日第一次开庭时之所供完全相同。唯对检察官起诉书中所列各点，则均称是断

七君子出狱时与家属等合影，前排左一沈粹缜(邹韬奋夫人)

七君子辩护的律师团

出狱后朋友们前来慰问

苏州各界知名人士在花园饭店欢迎七君子

各界代表欢迎七君子出狱

章取义，故意入人于罪云云。章乃器在法庭上机智驳斥了司法当局的指控。

同日，宋庆龄领衔和何香凝、胡愈之、胡子婴、彭文应、潘大逵等16人向上海新闻界发表书面谈话，声明救国与爱国无罪。同时，还发布了《救国入狱运动宣言》与《救国入狱运动规则》："我们都是中国人，我们都要抢救这危亡的中国。我们不能因为畏罪，就不爱国、不救国。所以我们要求我们所拥护信任的政府和法院，立即把沈钧儒等七位先生释放。不然，我们就应该和沈先生等同罪。"

也在这一天，上海文化界谢六逸、胡愈之、夏丏尊、欧阳予倩等百余人，联名呈请南京政府恢复沈钧儒等自由，并请求撤销对陶行知等人的通缉令。十天后，宋庆龄率领胡愈之、胡子婴、彭文应等人来到苏州江苏省高等法院，一行人进入囚室探望章乃器等七人，继而乘火车回沪。次日，她出面电告南京政府，申诉江苏省高等法院的无理和傲慢，表达

七君子合影

自己入狱的决心。

1937年7月7日，卢沟桥事变发生。蒋介石接到报告后，给二十九军军长宋哲元回电："宛平应固守勿退，并须全体动员，以备事态扩大。"中国共产党向全国发表《中共中央为日军进攻卢沟桥通电》："中华民族危急！只有全民族实行抗战，才是我们的出路。"毛泽东等9人联名打电报给蒋介石表示红军将士愿为国家效命，与敌周旋，以达到保地卫国的目的。之后，蒋介石发出号召："如果战端一开，那就地无分南北，人无分老幼，无论何人，皆有守土抗战之责任，皆应抱定牺牲一切之决心。"中国社会进入了全面抗战阶段。

7月末，江苏省高等法院裁定称："沈钧儒等各被告因危害民国一案，羁押时逾半载，精神痛苦，家属失其赡养等，声请停止羁押，本院查核尚无不合，应予照准。"法院同时提出交保开释。次日14时七人以交保方式出狱，章乃器由名士李根源保释。

七君子出狱，在当时只是所谓停止羁押，案件并未了结。直到第三年，即1939年1月26日，才由四川省高等法院一分院宣布撤回起诉。至此，在司法上作了了结。

救国会领袖出狱后，会见从日本归国的郭沫若，右起：沈钧儒、章乃器、郭沫若、李公朴(1937年，上海)。

章乃器在《七十自述》中回忆：释放后“我们先去南京，在南京，国民党要求我们通告解散救国会。我们同它抗争了几天，才回上海。但一到上海，救国会已被接收，改组为救亡协会了。回想几天以前在南京同国民党的抗争，真觉得难以自解”。

(上海韬奋纪念馆提供部分影像支持)

七君子与马相伯合影

我们没有祖国

黄庆鸿

少年时代

1932年我出生在大连岩代町九番地(今普照街9号)，我家住在市中心区域，周围有日本人开设的松井药局、大连茶寮(跳舞厅)、咖啡馆、寿司店、洋服店、电影院和剧场等，也有中国人开设的杏花楼饭庄、东香楼烟馆、澡堂子等，距离西广场(今友好广场)只需步行十分钟。我爸爸是开洋铁铺的，我又是独子，有能力供我上学堂。

1939年七岁那年，我进了日本学堂——大连伏见台公学堂，校长是日本人，教师多数是中国人，只有教日语“アィウエオ”字母时，才由日本人教。学堂离我家较远，大约要走半个时辰，从岩代町我家出发要经过常盘桥(今青泥洼桥)、三越洋行、电气花园。因此，为了走近路，我们常常从电气花园正门溜进去，只要爬上一个小坡就是花园后门，从后门出去对面就是学堂。如果不这样，得绕过半个公园外侧的山坡之后才能到达学堂。那时日本人建造的电气花园里有旋转木马，木马可以一上一下转动，就像骑真马似的，很受孩子们欢迎，因此老大连人就管它叫电气花园，实际上这儿最早也叫老虎花园，曾养过好多老虎。

当时日本在大连开设学堂，是为了按照日本法西斯的模式进行奴化教育。

学生都要穿戴统一的黄色学生帽和黄色短裤学生装，直到小学四年级时为了适应第二次世界大战时的需要，一律改穿长裤再打绑腿，并且人人左上胸前都别着一块白布条，写有自己的编号和名字，连列队和行走都要唱日本军歌。

上课都是军事化。天天进行向左向右、向前向后的队形操练，都是在日语口令下进行的，稍有偏离或错听了口令，戴战斗帽的日本教官便会大吼一声“八嘎呀路”，跑过来不由分说就是两记大耳光，甚至一个扫堂腿使你跌倒在地，你还得立即挺直身躯归队。在课堂里，要求每一个坐着的学生腰板要挺直，头、下颌、胸部要成一条线，且双目直盯黑板，一旦你东张西望稍有松懈，老师在你背后巡视时会出其不意地使劲朝桌面按下你的头，往往额头被碰块青。

一早升旗，齐唱日本国歌《君之代》，并高呼：“天皇陛下，万岁！”之后就排着整齐的队形回教室，在进教室前的走廊里都要脱鞋放进一排一排的鞋箱里，天天如此。

学校开设课程有：日语、国语、算术、修身、音乐，体育以军训和相扑(摔跤)为主。课本里充满了宣扬日本武士道精神的人物和故事，像东乡大元帅、乃木大将如何如何忠于天皇是我们必读的，将来要我们俯首听命于日本天皇，长大了甘当他们的亡国奴。

四年级时，有一天，日本教师在班级中挑选了我和几个同学，骗我们去“检查身体”，就把我们带到了南满铁路医院，进了房间就叫我们捋起袖子，直到这时我们才知道，这哪里是“检查身体”呀，是在抽我们的血！从此以后，常常有同学被叫去，送往南满铁路医院。因为我把抽血这件事告诉了同学，因此闯下了大祸，说我散布谣言。我被叫上讲台趴在凳子上，朝我屁股狠命打，直到打断了两根硬木板条才罢休，打得我皮开肉绽，病了好几天，我再也不想在伏见台念书啦。失去祖国，就这样被人欺凌。

最后一课

1943年，无奈的我又进入了开设在西岗大庙前的明德学堂，读高小一年级。刚读了半年，从来不到班级来的日本校长山田佑一郎却跑进教室，神色严肃地说：“为了大东亚圣战，你们高年级从下周起统统为天皇陛下‘勤劳奉侍’的干活”。原来，自从太平洋战争爆发以来，日本为加紧推行“大东亚圣战”而到处搜罗炮灰，当地凡年满14周岁以上者，都要进行服兵役登记。幸好这一年我只有12岁，虽然躲过了登记服兵役的灾难，但还是没有躲过为军需服务的苦难。

这一年初春，大连所有公学堂都和我们一样，一律停课“奉侍天皇”，强迫我们这批年仅十二三岁的高小学生放下书包走向军营，参加军需劳动，以“劳”代“学”作为学业与毕业考核。

我们在日本校长带领下被送到市郊靠海的凌水河688部队做“奉侍”，天天坐电车到黑石礁终点站，下车后按军事化列队高唱日本军歌走向军营。凌水河688部队由日本兵驻守。我们由日本校长带队，进出军营通行无阻。到了这儿才知道，原来日本发动太平洋战争后缺乏钢材，尝试着要在这儿用水泥浇注法来建造大型轮船，为此还抓来了大批中国壮丁，把他们编成“勤劳奉公队”，让他们灌浇水泥船，有的挖战壕、修工事，每人每天分到早中晚各一个窝窝头，吃不饱穿不暖，病得爬不起来也要做苦工，否则汉奸队长就会用洋镐棒把他们打个半死。我们天天列队要经过他们挖战壕和他们住的草窝棚，也常常把发给我们的窝窝头悄悄扔给他们(学生们自己带饭)。这样一来我们一生二熟，彼此间相互打个手势就会把一些食品、用品巧妙抛给对方了。

我们专门把从水泥船拆下来的模板上的洋钉一个个拔下来，然后上交日本校长。这些拆下来的模板东一堆西一堆，就像一座座小山，学生们在风吹日晒下也不甘心干这些苦力活，于是由我带头叫大家齐动手，在一座座小山中间挖空搭成一间小屋，再挖一个通道好爬进爬出，有时趁日本校长稍不注意，我们就溜进去。但时间一长日本校长发现学生少了许多，就一个劲儿大喊大叫、东找西找，结果还是被他发现了通道的门，“八嘎呀路”地骂个不

大连伏见台公学堂初小四年级学生合影(1942，三排左一本人，左4班主任张老师)

停。我们无奈只得灰溜溜爬出来，个个挨了一顿耳光。但吃一堑长一智，我们“狡兔三窟”来磨洋工，将木堆多挖几个通道，一旦日本校长又大喊大叫，我们会从另一通道爬出来，假装在卖力地拔洋钉。这一学期，我们就“躲猫猫”似的“奉侍”了一学期。

由于太平洋战争导致日本“圣战”节节惨败，凌水河688部队的水泥船未造好就遭破坏而无法出坞入海，于是便把我们这批“奉侍”学生撤回市区，再按军事化编制(打绑腿、胸前挂番号)分组挖人行道旁的防空掩体和山上的防空战壕，因为这期间盟国的美制B–29轰炸机常来大连“骚扰”。每逢空袭来临，日本居民专挑大型防空洞避难，现在保留下来的青泥洼桥巨型地下防空洞(后辟为地下商场)，就是那时挖掘的，但中国人不得入内避难。

这期间，日本军国主义为挽回败局，倡导“精神总动员”，继续进行“圣战”，在东北疯狂搜罗中国人当炮灰，把比我们大一点的哥哥们——中学生(包括朝鲜族人)组编成“义勇敢死队”送往北满和东南亚前哨当炮灰；同时还加紧诱骗一些青壮年中国劳工(像大连红房子的劳工)送往日本九州岛，将他们投进暗无天日的地下矿井……有些人受不了非人的鞭挞和欺凌，便寻机逃跑，有的被抓回来后一律扣上“反满抗日”罪名被秘密杀害。

1944年起，日本企图鲸吞中国和东南亚“武运久长”最终未能“兑现”，加上连年战争导致物资稀缺，为此发动我们高小学生又到处去拣废铜烂铁。当时市区所有的铁门、铁栏杆、浪速町所有铸铁路灯，甚至连三越洋行、幾久屋百货大楼台阶上的铜皮条也都一一被拆掉，企图靠这些废铜烂铁熔炼成武器“东山再起”。日本居民也开始了“节衣缩食”运动，粮食限量供应，大米中再掺入白高粱米，每顿只能吃一碗。最惨的是中国人，施行“购粮证”，只能按人按量配给橡子面(像榛子似的野果)，吃了这种橡子面人会浮肿，于是粮荒、饥饿、浮肿、瘟疫时时胁迫着民不聊生的中国劳苦大众。当年中国人不仅吃不到大米、白面，个别人一旦偷吃大米白面被日本警察发现，便会以“经济犯”罪名拉进警察所灌凉水、坐老虎凳。中国人只能吃糠咽菜天天过着牛马般的生活。

天亮前后

1944年开始，大连实行了防空演习，日本居民也都改了装束，为了适应战时需要，男人头戴战斗帽，身穿黄军服、左胸前挂有姓名番号，裤腿一律扎绑腿，脚穿太阳牌大拇指胶鞋；女人不再穿和服，上身灯龙袖口紧身衣，下身紧身灯笼裤，脚穿太阳牌胶鞋。家家都打好了生活必需的背包，一旦警报拉响便背起背包就近钻进防空洞，而且常常进行这样的演练。一到晚上家家户户门窗都用柏油黑纸堵得严严实实，不能露一点光，电灯得用黑红双层布罩罩着。日本保长天天夜晚拿着喇叭筒一家一家查、一家一家喊，整个大连笼罩在黑暗中，似乎预示着不久日本必大难临头。

美国的B–29飞机时不时来“光顾”几次，竟也投下了两颗炸弹，炸毁过八层大楼。美国飞机一来，日本高射炮射程不高，炮弹都在半空中开花。日本居民也时不时钻进钻出防空洞，生怕轰炸机扔下几颗炸弹炸死自己，不可一世的日本人此时也惊恐万状。

这时的大连处于非常时期。一会儿大连船坞的油库突然发生惊天动地的大爆炸，一个个油桶似一个个小罐头炸向天空，一圈圈火圈在空中飘浮着，忙得日本消防队也不敢靠近油库。大连警察署集结许多日本警察扛着枪在大连市区大搜捕，结果一无所获。此后大连天天如同兵临大敌，所有警察所荷枪实弹。一会儿大连凌水河688部队在建的水泥船也遭破坏，始终下不了水。这一时期大广场(今中山广场)的大连市役所(市政府)和靠近的大连警察署天天在门口焚烧着一堆堆资料，烟雾弥漫了半边天。此情此景，不由得引起大人们也在背后悄悄议论着，似懂非懂的我似乎感觉到：小鼻子快不行了吧？

目睹日本投降

二战末期，日本电台加强了“大东亚共荣”的煽动与宣传，每到中午12点，日本放送局(广播电台)播过《君之代》后，便是“大东亚圣战”新闻，天天如此。每逢此刻，一切车辆停驶，行人一律停步低头，街上一片死寂般的静。但每逢12点前，中国老百姓都会提早溜进屋里，免遭日本人辱骂而“惹火烧身”。

1945年8月15日这一天，也是我终生难忘的一天。一切像往常一样，警报一响，《君之代》刚播完，播音员就一字一板地说：“今天有重要新闻，请所有听众肃立，天皇陛下宣读诏书”，只待片刻，忽听日本裕仁天皇凝重低缓地宣读《诏书》：“朕，面对世界大势和帝国现状，兹向忠良臣民宣告，朕和帝国政府接受美英支苏四国的联合公告……”此时只见所有站在路上纹丝不动的日本人，突然“哗”地传来一片嚎啕大哭声和抽泣声响彻大街上空，有的捶胸顿足，有的仰天咆哮，有的席地朝东跪拜，有的抱头嚎叫……此情此景，一扫当年日本人骄横霸道、不可一世的军国主义气焰。

因我家周围多数是日本商店和居民，我只能躲在家里二楼的三扇窗户里不停向外轮番“看光景”，我想：为什么天皇的这番话，竟惹得大街上日本人个个哭鼻子流眼泪的？早些日子我就听到大人们都在私底下议论，小鼻子的兔子尾巴长不了啦。当时还不能全听懂日本新闻，却只见我家后门的邻居们都暗暗喜形于色，隔着大街在窗户上向我做双臂向上之状，并不断比划着悄声地传过声音：“小—鼻—子，投降啦！”

日本天皇虽宣读了投降书，可盘踞在大连的日本军国主义分子仍不肯放下屠刀，日本军警反而“刀出鞘，弹上膛”，全副武装扼守各要道口，实行全市戒严，中国人如有违者必遭杀戮。有些日本武士道者也操起了家中供奉的武士刀和长戟参与维持法西斯统治的社会秩序，企图防止中国人起来造反。中国人虽然还不敢在日本人居民区大街上抛头露面，但在穷人群居的寺儿沟、香炉礁和大连红房子的劳工都在暗中“磨刀霍霍”，拿起柴刀、菜刀、斧头、铁棍等防身自卫，等待天亮的到来。

两阵对峙，剑拔弩张。那些日子时不时传来为了生计的劳工路经日本居民区时遭杀戮的惨讯。街上到处是荷枪实弹的日本军警在游弋，日本市役所和警察署还在焚烧着成堆成堆的文件——毁灭侵华罪证，天天火光冲天，天天烟雾弥漫，日本侵略者仿佛在为自己的亡灵超度。

有些日本法西斯分子仍不肯放下屠刀，我也一直想趁机报复一下，叫小鼻子也不得安宁。我家住在日本居民区的岩代町九番地，离小广场(今友好广场)仅一条马路之遥，从我家二楼就能一览小广场的太阳电影院、帝国电影院和警察所，以及来来往往的电车。正巧前些日子，离我家不远处有一家日本枪械商店，不知何故倒闭了，扔出了一推垃圾中有一盒“猎枪帽子”被我捡到了。我拿回家用锤子一敲便会发出“乒”的声音，于是我灵机一动，趁夜晚黑灯瞎火时悄悄跑到小广场的电车轨道上，将“猎枪帽子”排列在轨道上，之后我撒开腿拼命往家飞跑，跑到二楼窗户前心还在砰砰跳。我远眺小广场的动静，不一会儿只听到小广场传来了“乒乒乓乓”恰似机关枪扫射的声音，小广场警察所的日本警察如惊弓之鸟倾巢而出将电车团团围住，方知没有发生恐怖袭击。这一举动不同儿戏，却有些冒着“杀身之祸”，但最终还是解了我的心头之恨。这正应了一句中国人常说的俗话：人小可心不小。

天亮啦！

对峙了一周，难忘的8月22日这一天，从离我家不远处的大连火车站方向传来了轰隆隆的坦克声、哒哒哒的扫射声，只见沿着岩代町(今普照街)一些负隅顽抗的日本武装警察拖着三八式步枪向小广场边退边逃……紧接着那庞大无比的重型坦克开进了市区的大街上。走过我家门前时，只见坦克上和两侧都是头戴橄榄帽、手持转盘枪的俄罗斯士兵(还有许多女兵)，一路前进一路吆喝："你——们——，解放啦！解放啦！"紧接着大街小巷的中国居民如决堤的洪水涌向坦克，欢呼雀跃迎接苏联红军。有的居民拿来了煮熟的鸡蛋和玉米棒槌直往苏联红军手里塞。我被一双粗大有力的大手抱了起来，苏联红军热情地吻我，又把我高高举起在半空，对着人们说："孩子，你们解放了！"啊，这是我第一次见到苏联红军啊！你看，那橄榄帽子上还有颗红色的五角星呢！

当天，欢欣鼓舞的中国居民自发为苏联红军当向导，在重型坦克开路下，冲向了大连市役所，冲向了大连警察署，冲向了日本军营……在转盘式冲锋枪和威严的坦克炮口下日本军警终于屈膝放下了"三八"式武器——缴械投降了。

在苏联红军驻守和护卫下，大连居民真的翻身了，"同志们呀，个个要听真，如今翻身得解放，大家拧成一股劲呀，敢叫鬼子丧九泉……"在一批戴红袖章人的鼓动带领下成千上万中国居民才无所畏惧地一会儿冲毁了大连中央放送局(广播电台)，一会儿砸烂了日本宪兵队，一会儿捣毁了日军军用仓库，许多法西斯统治机构被解除武装，铁路、机场、大连船渠、大连港、发电厂、自来水厂都被苏联红军一一接管……整个大连沸腾了！

我也紧跟着带红胳膊箍扬眉吐气的大人一会儿冲向东、一会儿冲向西，就像飞出笼子的鸟儿，蓝天任我自由翱翔。这一年我刚满13岁。

天，终于亮了！

难忘的1949

张克勖

日月如梭光阴似箭，1949 年已远去70年。70年前的我，是上海天平路淑英小学的小学生，一个不识世事的懵懂少年。我家就在学校的斜对面——天平路怡邨212弄11号。哥姐有五人在杭州读书，上海家中只有父母、小哥和我四人。1948年下半年到1949上半年，这一年时间对国家而言，对我的家庭而言，对我本人而言，都具极不平常的意义，它所带来的巨大影响，直到今天依然存在，成了我永久的记忆。

我的父亲张翰庭年逾花甲，仍然孜孜不倦埋首于航运事业。我家有一艘300吨的“金源利”号机帆船，那是我爷爷留下的遗产。子承父业，父亲从事着台州至上海的货物(主要是黄岩蜜橘)运输。1948年12月3日晚7点，3000吨级的客船“江亚”轮从上海十六铺码头出发驶往宁波，不料途经吴淞口外里铜洋突然爆炸沉没，行驶到该水域的“金源利”号机帆船正在其附近。随船的父亲闻讯后，略作思考即命大副转向，急速赶到爆炸现场。

现场已是人声沸鼎一片狼藉，巨大的江亚轮已船首高翘不见船尾，正在继续下沉中。

父亲不顾个人安危昂立船头，指挥“金源利”成 T 形靠上沉船实施抢救。抛缆绳将两船连接，绝大部分被救者是自己攀爬过来的，也有抓着“金源利”坠下的绳索，由上面的船员奋力拉上来的，形形色色的救人方式不一而足。经三个多小时奋战，经船员点数，共救起 543 人。此时的“金源利”船头已被沉船拖累呈倾斜状，情况十分危急，大副只得含泪砍断缆绳驶离现场。因当时已戒严，只得于次日早晨才送遇难者回上海十六铺码头，而后“金源利”默默离沪返回台州修理受损船体。

此一伟大义举感动了世界，各国媒体争相报道，上海《申报》等媒体上门来又是拍照又是采访，送犒劳品的也络绎不绝。上海本地更是街头巷尾纷纷传颂，曲艺界特编小曲演唱——时调小曲《江亚轮救险经过详情》。(胡志发、邱一飞合编)

诸位先生听端详，且听我，江亚惨剧唱几声，自从十二月又三号，江亚轮船开宁波，男女乘客三千零，大家都要回乡行，因为时局勿太平，他们都想逃性命，下午四时离码头，五时已出吴淞口，到了六时又三刻，江亚已到铜沙外，忽然来了一声响，江亚轮船被爆坏，男女客人都惊慌，船上的电灯已断绝，那时候，海水渐渐向里进，男男女女叫救命，老的老来小的小，号啕大哭真悲伤，黑暗沉沉看不清，无处地方去逃生，时候不到十分另，江亚轮船望下沉。命不该死天主铸，巧遇一船来相救，满装橘子往上海地，它的船名金源利，忽听一片惨哭声，又闻连声喊救命，水手告知船主听，船主老板张翰庭，闻听此言吃一惊，即忙下令去救命，四十水手总动员，将船靠近江亚轮，只因已船货已满，不能容迹许多人，大义可风张翰庭，不惜财产和生命，见义勇为天下少，一声命令水手们，速将橘子五百箱，抛入海洋去救人，来一个来救一个，救上乘客四百另。只因船仅两百吨，恐防以外出事情，无奈解缆离江亚，又闻船中惨哭声，张老先生很不忍，泪如雨下落胸襟，只怪自已船太小，不能再救一众人，依依不舍解缆行，海中又捞十几人，奄奄一息命难存，大德义勇张救星，亲送姜汤救难人，再用棉皮来裹住，慢慢苏醒两世人，棺材底下重翻身，好比南柯梦一场，死里逃生庆更生，行善自有天报应，善恶到头有分明，但看这位张救星，年纪已有六十另；身康体泰多健全。名闻四海人人晓，万古流芳传世人，此人大义天下少，值得编曲诸位听，要看张公好榜样，莫作贪财下流人；虽然本人才学浅，一片忠言劝诸君，万古千秋美名流。

也因此，我父亲被授以“上海市第一荣誉市民”光荣称号和荣获金质奖章。1948 年 12 月 30 日下午，一辆黑色小轿车开到家门口，来接我父母、小哥和我去市政府参加表彰会。到了会场，我们被安排坐在第一排。人很多，多数长衫马褂，黑黑的一片！几位领导人讲话后，由吴国桢市长给父亲佩戴上“上海第一荣誉市民”金质奖章。轮到我父亲上台发言，老人家略显局促不安，喃喃表态：“救人是我的本分，完全应该做的，不用表彰！”招来台下一片热烈掌声。

天平路怡邨212弄11号前合影，前排右起：八哥张克勋、大侄张绍海、张克勖、二侄张绍江、大侄女张瑶华
后排右起：大哥张克劝、父亲张翰庭、母亲王佩芬、大嫂胡倩霞、四哥未婚妻王荷仙 (1949.1)。

时间的巨轮不觉转到了1949年的春天，懵懂的我隐隐感到了时局的微妙变化：交通大学坐落在我家后面的华山路上，那天上午我在附近玩的时候，看到有坦克车和军人围住了学校的大门，路旁的大人们在悄悄议论——学生罢课了。又有那么几天，看到天平路上行驶的 2 路有轨电车，车在运行但无售票员卖票，我就和小哥一起在天平路乘上，到外滩后再乘回来。一路玩着还觉得蛮惬意，当时哪知道这是工人在罢工呀!

三月间，家里来了好多亲戚，有大姨妈夫妇、小姨和姨丈等长辈。见他们个个表情严肃脸有愁容，和我的父母亲讨论什么重大问题，后来才知道这是一个决定去留的家族会议。大姨妈她们力劝我父亲离开上海去台湾，她们分析了形势，提出马上离开越早越好。可父亲却坚持回故乡不去台湾，他说："我们做人做事立得稳站得正，共产党来了又有什么好怕的呢？到了台湾这么个小地方，人生地不熟的有什么好？"就这样双方你一言我一语无法最后统一，结果是不欢而散分道扬镳。

大姨妈她们一星期后去了台北，后听说在台湾大学当教授。我们一家向来是父亲说了算数，所以一个月后也离开上海回到了老家浙江温岭。当时是坐自己的“金源利”号回故乡的。回到老家后，在宽敞的大客厅里，又看到了各界陆陆续续所送的银盾。装在玻璃大盒里的银盾上刻着“慈航普度”，摆满了大客厅的两旁。

1949 年 6 月，温岭成立新政权。7月的一天早晨约八时多，家中大院开进来一队穿黄军装的兵，约有一个排，静坐在晒场道地的西边。带队者名李奇佩，挎盒子枪，是温岭新河区区长。他一个人大踏步走向厢房，父亲穿全白中式单衣裤站门口相迎，两人彬彬有礼招呼，看来是一次平和的造访。我和哥姐们正在楼上玩，从上往下正好看见。大约两小时后，见父亲送客至晒场中央时突然停步，两人交谈数语后父亲折回卧室，再出来时手挽一件灰色长衫，跟随这一大队人马离开了家。原以为不日即可归，事实却是永别!

父亲被诱捕的消息不胫而走，乡里的十几位白发老者头举檀香到县府请愿要求放人，江亚轮幸存者闻讯两次组织“保张团”从宁波来到温岭，请愿释放张翰庭。上海市长陈毅应宁波同乡会恳请，致电浙江省主席谭震林，要求将张翰庭移送上海，谭震林电令温岭县送张翰庭到杭州。虽经半年时间多方呼吁放人，1950年1月10日上午，仍被用开花弹处死。临刑时仰天高呼：“天晓得!!!”却又有何用？!

顷刻间，张家已涉家破人亡绝境，庞大的庭院被涂上黑漆改为粮库，一个好善乐施、享誉地方的文明家族从此消亡。失去父亲的我们，就像失去了掌舵的一叶小舟，苟延残喘地偷活在这个世界上……

(此文将收入回忆录《我的1949》)

回忆上海美专院系调整

金士钦[①]

66(1952)年前的夏天，我正就读于上海美专绘画科二年级，其时全国知识分子思想改造运动正进行得轰轰烈烈(好像主要是针对教师的)，上海美专有上级派来的工作小组，组长名叫古班(音)，还有一位女干部。由于他们不直接参与学生的活动，因此详情不了解，但工作组与团支部领导联系较多。

这次运动是全国解放以来，史无前例的一次知识分子思想改造运动，对我们青年学生来说是和风细雨，以正面教育为主，但思想触动很大，也为下一步的全国院系调整工作打好了思想基础，开了一个好头。

1952年8月份，正在暑假中的我，从同学来信中获悉并校的消息，全国院系调整，要撤销上海美专与其他学校合并，另建一所公立艺术学校。一石激起千层浪，这个消息在同学中，风传很快。大家都沉浸在喜悦中，欢乐、兴奋、激动、开心的旋风吹遍了整个校园。今后可以免费上学，毕业后由国家负责分配工作，对个人的前途满怀幸福美满，充满无限的欢乐和希望。

为此我匆匆结束暑假，告别父母，离乡返校。

当时的我在兴奋之余，想到自己在上海美专毕竟已读了近两年，在老师的谆谆教导之下学到了不少知识和技能，现在学校要面临停办撤销，心里不免怀有一份惋惜和感伤之情。但想到新建学校的美好前景，心绪也就平静了。

首先，未来的学校是国家公办的，由文化部直接领导，新建学校将集中三校的优势，

①1932年生，时为上海美专绘画科二年级。

师资力量雄厚，图书资料教学设备将更加丰富，学校行政管理和设施将会更加健全和完善。其次，从个人经济生活而言，可以不用再为缴纳昂贵的学杂费而发愁。现在我还留有一张当年上海美专缴纳学杂费、伙食费的通知函件，上面详细开列了各项收费要多少折实单位的收据(所谓折实单位，是指每人每天生活消耗的必需物资，如柴、米、油、盐的市场价综合相加构成的款项，称之为一个折实单位，这个折实单位的价格，在上海各大报纸上每天公布)。学生缴费，就按照折实单位的牌价来计算，院系调整之后，学生的学杂费和伙食费全部由国家供给，我们就能够轻松愉快，安心投入学习，真是太幸福了。

以下还有一个插曲，即1951年春季报考上海美专之前，我在杭州读完中学后，本想报考西湖艺专(即华东美术分院，现在的中国美术学院)，由于当年该校五年制绘画班不招生，就投考浙江农业技术学校的园艺专业，因为其中有个“艺”字似乎也能圆我学艺术的梦。考过后就到上海哥哥家过春节。有一天在无聊中翻看一张上海市老地图，看完正面看背面，见上面有许多酒店，医院，影剧院和众多学校以及单位地址，忽然在破损的折缝处，看见有上海美术专科学校和地址的字样，这个突然的发现使我眼睛一亮。我立即出门按图寻找上海美专。从虹口到徐家汇，冒着雪花一路寻到菜市路，终于找到了目的地，还见到校门口正贴着春季招生的通告，我毫不犹豫就报了名。几天后就举行考试，在口试中老师关切地问我，你看过入学后缴费的相关内容吗？我点点头。又问我家在哪里，准备走读还是住校？我回答家在浙江农村，希望住校。老师又问，如果你被录取，要不要申请减免费？我心想如果要求减免费恐怕不会被录取，连忙回答说不要不要。一个多星期之后，双喜临门，不但接到上海美专的录取通知书，同时还接到我父亲从乡下转寄给我有关浙江农业技校的录取和入学通知书，入学地址在山东某县。

一张老地图，居然改变了我的人生轨迹，还为我圆了学习绘画的梦想。但是如果没有院系调整，在以后的学习生活中，经济上就无法继续承担私立学校昂贵的学杂费用，最终会陷入半途而废，终止学习的困境。今天回忆66年前的院系调整，让我再一次以无比的喜悦和感恩之情重温院系调整，给我带来了幸福理想，优越的学习前程。

1952年9月，就有官方消息，上海美专将同苏州美专、山东大学艺术系的音、美两科合并，成立华东艺术专科学校，校址暂定无锡太湖之滨的江南大学旧址，等以后在上海建成新校，再从无锡迁回上海。当时我们一个个都为即将奔赴无锡新组建的华东艺专学习而高兴，为即将开始全新的学习生活而兴奋。殊不知那时，各级领导人员正为寻觅未来的校址以及在无锡的落脚点，为学校各部门各系科行政管理人员的组建而费尽心思，忙得不亦乐乎。

9月份是院系调整中关键的一个月，思想改造工作组要撤离，迁并学校的新领导要介入。一天我在学校教学大楼楼下走廊上见到一位陌生人，他满头黑发，额顶中间向左右两边披开，面容红润饱满，身穿蓝色衬衫，前胸后背被汗湿了一片，但笑容满面，眼神精明干练，见人彬彬有礼点头致意。后来得知他是受文化部委派前来华东局和上海美专，专为院系调整迁校工作而来，也将是华东艺专未来的新领导王秉舟(并校后任华东艺专党书记，马列主义课老师)。

1952年10月，学校进入迁校阶段，我们学生一个个已经开始忙碌，添置个人生活物品，准备学习材料用具，亟待迁校出发日期确定就能立即上路。等待的心情让人觉得日子特别难熬。从明确学校与其余两校合并迁无锡重建新校之后，大家对新建学校，新的集体生活，新的学习环境满怀激情，希望早日来临。然而直到此时还未见有明确的行动日期，又没有可以进行业务学习的条件，大家心情有些焦急，希望快快动身。

10月17日，我们上海美专师生员工终于奔赴无锡了。大家乘上火车，一路欢天喜地，笑逐言开。临上火车时，有几个学音乐的女同学，由于初次远离家门，在上车的瞬间，眼含泪花，双眉紧锁，有些不甚开心。不过在大家欢声笑语的影响下，不一会儿脸上的阴云就消散了。

车到无锡出站后，就看见许多热情洋溢，高举双臂热烈欢呼的陌生人在迎接我们，还抢着为我们背包包提行李。在与接待的人群交谈中才知道，山东大学的同学是9月底首先到达无锡，苏州美专的同学则比我们早到三天。由于一路兴奋，几乎忘了我们是怎么从无锡火车站走到无锡南门外一个叫华新丝厂的地方(也就是我们华东艺专的暂住之地，此地原为无锡党校旧址)。

山东大学来的同学像老大哥一样，待人特别亲切热情，从火车站接站到为我们安排住地，几乎时时处处陪伴着我们，在生活中为我解难或指点。后来才明了这些老大哥之中有好几位是我们未来的辅导员老师。他们深入我们新编的学习班组，由于他们的引导和指点，使我们安定了情绪并很快就在生活和感情上融入了这个大家庭、大集体。他们不愧为革命老区

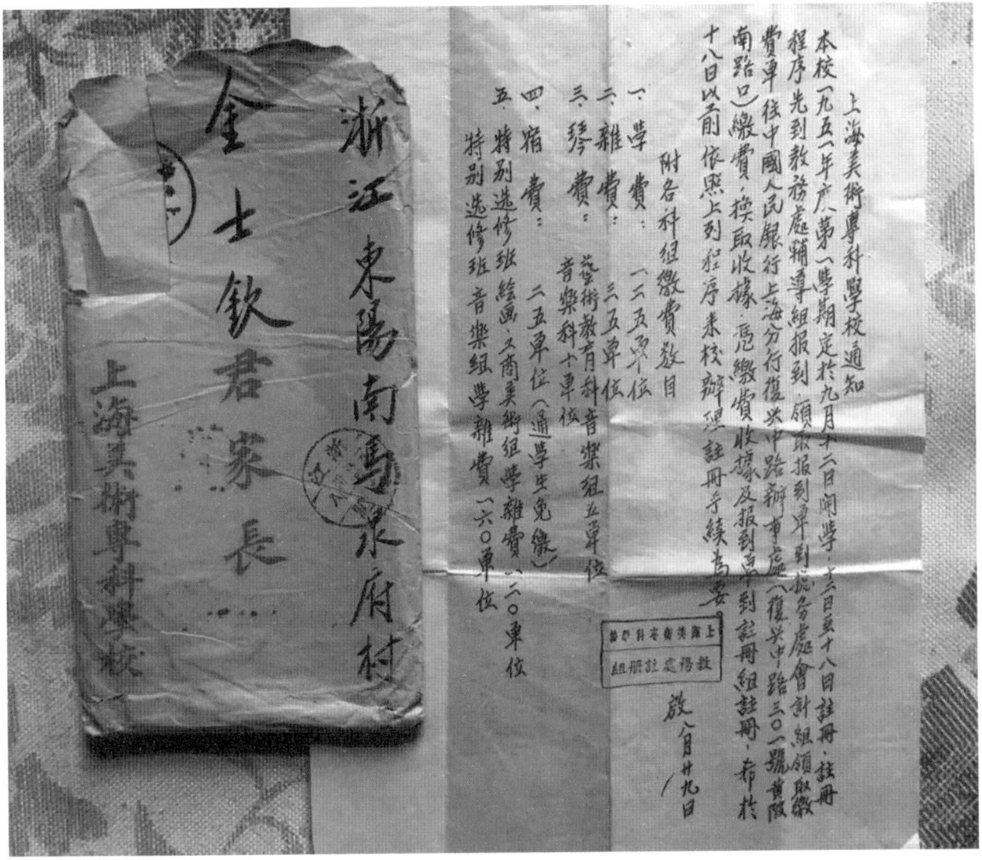

浙江東陽南馬泉府村
金士欽君家長
上海美術專科學校

上海美術專科學校通知

本校一九五一年度第一學期定於九月十二日開學，十六日至十八日註冊，註冊程序先到教務處輔導組報到，領取報到單到總務處會計組領取繳費單往中國人民銀行上海分行復興中路辦事處（復興中路三〇一號黃陂南路口）繳費，換取收據，憑繳費收據及報到單到註冊組註冊，希於十八日以前依照上列程序來校辦理註冊手續為要。

附各科組繳費數目

一、學費：一六五單位
二、雜費：三五單位
三、琴費：藝術教育科音樂組五〇單位 音樂科十單位
四、宿費：二五單位（通學生免繳）
五、特別選修班繪畫及商美術組學雜費一二〇單位 特別選修班音樂組學雜費一六〇單位

上海美術專科學校 教務處註冊組
啟 八月廿九日

上海美专缴费单

久经党的教导和锻炼出来的好干部好同志。他们朝气蓬勃，处处以模范行动和老大哥的情怀，关爱我们，引导我们，为我们南方同学以后的学习、生活、工作做出了好榜样。原来在私立学校中，一般同学间自顾自，相互间关系较淡薄，缺少沟通，而山东大学来的同学(有几位是我们未来的辅导老师)，即使是音乐系的山东同学，见了我们南方的同学，非常热情友好，例如去市中心购物或看电影，如在路上碰到我们，会主动热情迎过来和我们一道走，亲切地手搭我们肩膀，问寒问暖，关心我们走得累不累(无锡当时没有公交车，同学们喜称我们出门都乘11路，指两条腿走路)。他们见我们手提东西，即使不重他们也会争着帮我们

提。言行之中，处处透露温暖和友爱之情，让我们感到革命大家庭的温暖。

新建的华东艺专，在无锡华新丝厂暂住下来后，校领导通过多次大会报告，宣讲新建的大集体大家庭，需要大家共同努力，团结一致，我们的办学事业才能取得胜利，同学们相互也从陌生到相知相识，逐渐稳定情绪，投入临时学习生活环境。

自从来到华新丝厂，好不容易安顿下来没几天，校方接上级通知，宣告华东艺专不设置工商美术科，上海美专的相关学生，将合并到杭州中央美术学院华东分院，与该院实用美术系合并，要求尽快行动。这个消息让我们才安定下来的上海美专相关专业的同学，犹如平地一声惊雷。这个变化来得太突然了，但一切以大局为重，服从国家安排是理所当然的。那些即将动身再次远离大家的同学，有几位是我们上海美专团支部的伙伴，由于没有思想准备，立即面临分离，心情都比较沉重。

分别那天，我们几个要好同学依依不舍，一起送他们去火车站。当路过一家照相馆时，拍了一张集体照。看我们胸前才摘下上学多年的上海美专校徽，佩上了满怀希望的华东艺专符号，满以为从今以后可以相伴一起投入新建的学校共同学习，不料突然面临分离。看相片中前排右二谢国滨同学，他原来是和我同宿舍两张床铺面对面，像老大哥一样关心我的好朋友。后排左一、二分别是陈庆林、丁允渠同学。他们三位是我们上海美专团支部委员，也是马上要离别的工商美术科同学，无奈的离别之情尽显现在他们脸上。此情此景，最终都成为一段令人难以忘怀的历史见证。到了次年上半年，全国院系调整已进入尾声，而不息的变动，又将他们连同杭州中央美院华东分院的整个实用美术系，连人带图书设备连锅端，一起从杭州迁并到北京中央美术学院，和该院的实用美术系合并。从此华东地区的工艺美术、实用美术的教育设置就成为一片空白。

自从工商美术科的同学离无锡去杭州之后，华东艺术专科学校就只剩下绘画和音乐两个系科。在迁校活动的学习教育后，大家均能认清形势，团结一致，逐渐安定下来，在各班组的辅导人员带领下，走上初步正规的学习和生活。大家聚在一个空旷地摆满几十张大方桌(八仙桌)的大厂房里，既是大食堂也是各班级政治学习讨论的场所，也是我们临时的绘画教室，就好比舞台一样，只要移动下桌子板凳等道具，就能上演各种戏文。但是人声嘈杂，相互左顾右盼，干扰很大，很容易分散精力。除去一日三餐开饭不受影响之外，其余讨论、学习、画画都不理想。但是，处在特殊的时期，大家都能理解，唯盼望能早日离开华新丝厂，搬进江南大学，以便开始正规的学习秩序。

华新丝厂地处无锡城南，东临京杭大运河，其他三面都是水稻和茭白等水田包围着我们。大运河里来来往往的大木船或小型轮机木船，偶有一阵阵马达声或几声尖叫的汽笛声响，环境尚算安静。早晚时分，水田深处还能传来几声蛙鸣，令人神往。

从上海来无锡已有一个多月，可是一直没有明确我们最终的新校址将在哪里，大家处在等待之中，学习生活均充满不确定的情绪，如音乐系的大型钢琴是练声伴奏特别是钢琴专业不可缺少的，然而这样一些重要器材，都锁在江南大学。因为当初搬家来的目的地新校址是在江南大学。这些器材无法使用大大影响教学工作。美术教学也只能在嘈杂的大饭厅里开展一些临时性的快慢写练习，不能进行正规的课题教学。师生天天处在渺茫无望的等待之中，开始大家都怀抱乐观、理解的心情，但拖延如此之久，也没有一个说法，就难免在人们思想和言论中产生急躁与不安。

我们从10月中旬来到无锡，至此时已有一个多月，此地终非久留之地，大家天天盼望着，哪一天才能搬进江南大学？师生们由理解到盼望，由盼望到忍耐，由忍耐到焦急，这些不安波动的情绪已在大家的言谈和面容中开始流露，校方好像也无能为力。

直至11月下旬，校方终于透露信息，宣布江南大学校园另有他用，上级决定让我们华东艺专搬到无锡北郊社桥头原苏南文教学院旧址办学。这个改变虽令人大失所望，但总算有个明确落脚点了。接着全校动员，全力投入搬迁工作。各校搬来无锡的大型或重型器具设备，均已先期运抵江南大学。现在师生要从华新丝厂转移到无锡社桥头，只要领导一声令下，就能及时行动。最终的新校址变江南大学为社桥头，虽然大家心里有点失望，但大势所趋，大家都能接受现实，服从上级决定。

音乐系同学大部分是从山东大学老解放区来的，吃苦耐劳，勇挑重担。到社桥头去拓荒打扫，清理新校园。全校齐心协力，好像几天之后我们就从南到北，迁移到了社桥头的新校址。

华东艺专新校址，最终定在无锡北郊的社桥头，学校坐北朝南，东邻一座荣军医院，有简易的竹篱笆间隔，彼此可以透过篱笆墙漏孔对望。西面是一片田野，散落着几户农舍。北面紧靠京沪铁路。南面正大门前横贯一条不足十米宽的小河浜，河面上有一座与地面平齐的(沙土面)小桥名“社桥”，桥头正对校门，社桥头地名即有此而来。我们学校除

临别合影，前排左起：李美英、陈宁康、谢国滨、费钦生，后排左起：陈庆林、丁允渠、张籛羽、陈章鹤、金士钦(无锡，1952.10)

北面偶有忙碌的火车咔嗒咔嗒和呼啸声通过之外，别无其他干扰，整个大环境还是不错。

学校安定之初，全校师生在校方领导下，首先从生活上开始执行严明的作息制度以替代近一段时期无序的生活。我们学生甚至有部分年轻一些的教师，每天一早闻钟声即起床，自觉集中到大操场，在体育老师徐祥洪的带领下，环绕足球场跑步三四圈，紧接着以各系班级为单位依次列队在操场上，由徐老师带领做广播操，各班都要当场报告出操人数，向全体通报。早餐前还有集中在各自修室的早自习一节课，上下午都进入有序的教学活动。晚餐前有一个课时的课外(体育)活动，要求课堂清空，人人到场活动。晚上有规定的两课时晚自修，必须在各自修室集中自学，连午休都必须做到人人不能例外。大家习惯后，同学们午餐毕就自觉躺在床上，等候敲钟老人，以富有感情的节奏，非常缓慢地一下一下敲打着钟响，让我们愉快进入梦乡。这段有趣的情节，成为华东艺专校园里多年以来久传不息的佳闻。

上述这些新气象，都是在院系调整之前，私立学校中未曾经历过的大家庭、大集体的新生活。并校后作息有序，纪律井然，学习紧张，生活充实，每周六晚上学生会在校行政大楼三楼举办周末舞会，音乐系同学是舞会上高级的音乐伴奏，也是他们显露才华的机会。他们一个个都是革命老区传统大秧歌的能手，让我们这些南方同学看得目瞪口呆，喜笑颜开，见他们一个个，踩着振奋的鼓点起舞，大小秧歌扭得十分欢快动人。他们热情耐心地带领南方同学练习各种舞步，开展多种富有青春活力健康的集体活动，促进了大家在思想上、感情上、行动上很快凝聚成一个欣欣向荣的大集体，以朝气蓬勃，精力充沛，积极紧张的情绪，步入院系调整后新建的学习征程。

(此文将收入院系调整回忆录《1952，离别的季节！》)

都委会往事

周文正

1949年仲春，上海孤城易帜在望，学校停课，比我高一班的建筑系同学欧阳昭、郭敦礼、韦耐勤等提前毕业，旋即去香港，并由原在上海开业，移居香港的英籍建筑师Eric Kumine聘用，衣食生活均有着落。由于他们的敦促，加之复课前景无可豫期，我就只身赴港，翌日即与他们一起上班。周末去浅水湾游泳，优哉游哉，一晃就是一年。

1950年早春，我的同班同学徐克纯长话告我，学校已复课，一切正常；于是我自然赋起了归去来兮，回上海，想赶上春季学期开学，读完毕业所需的最后一门必修课的几个学分。此时，恰好留英八年回国的陈占祥先生衔命来沪招募相关专业技术人士赴京，充实都委会的有生力量。他与系主任黄作燊商定，本人去都委会工作满一年，系里承认必修课业绩。他约我吃饭，商谈此事。约大教学与校外力量合作属常态，本人欣然接受，旋即轻装乘火车赴京。

本人此行并无更多思想准备，换了一件新购置的深蓝咔叽布中山服上衣，怀里揣着仍旧有效的驾照，胳膊上扤着套在帆布套里的大提琴，没头没脑地找到了西单附近市府大楼的都委会报到。当天就被安排住进横二条宿舍大院的一个单间里，次日就趴在桌子上开始了画图生涯。

受都委会聘用，先后举家赴京参与首都城市建设之私立圣约翰大学工学院建筑系师生有樊书培、华亦增、籍传实及周文正。樊书培、华亦增系同班同学，虽各有工作，但都不满意，应都委会招唤，决定喜结连理，北上工作。次年，白德懋应邀赴京从事拟建的新侨饭店之方案设计；其后也转入都委会参与“土地使用”方面的管理工作。他因年齿辈分，在老家中被定为族长，难免受到很多家族琐事干扰，再加上初到北京就慑于中轴线、前门箭楼的威武雄壮而爱上了北京，远在北京可以不受琐事干扰。从欧美留学回来，在约大教书的李莹其后也参加了都委会工作。

北京市都委会在市府秘书长薛子正有力、务实、走群众路线的领导下；在地下党出身，相对更熟悉知识分子习性的办公室主任王栋岑之亲民作风的协调下；以及此前曾任连队指导员的一位管理干部——不厌其烦，像对待刚入伍的青年农民那样反复讲解各种生活和工作中难免会出现的一个个新问题——的督导下，顺利地展开了工作。

都委会办公室主任王栋岑是原傅作义部的地下党，很好的干部。他有怨气，当时对梁思成、陈占祥、华揽洪很重视，都委会的行政工作，由他负责。

一个有趣的细节：某日，市府大楼下班铃声响过，大家收拾桌面准备离去，那位指导员让大家留下有话要讲，并每人发一个小本子。打开一看，是一个中苏友协会员证，见本人名字已赫然填妥，不禁脱口而出："我又没有申请过，怎么就是会员了？"又唠叨："东北人最不喜欢俄国人，说大鼻子比小鼻子还坏，连办公家具都要装车带走"，全场默然。幸好当时风气还比较宽容，没有引起大批判。市府大楼里人很多，有本地人，"进城"的人，上海来的只是极少数。为了更好地融入，我们都放弃乡音，改说普通话。节假日大楼开全体文娱活动会时，在主持人鼓励下，虞锦文、向斌南(两把小提琴)与我(大提琴)三人还客串了一场弦乐三重奏，凑个热闹。

我们每个人来北京都可能有个人的动机。

我们这批人，全部前后出生于1920年代，青少年期间深受"清皇朝丧权辱国之恨与耻，复辟与反复辟、军阀混战、帝国主义蹂躏瓜分我国之乱"无穷无尽的磨难，殷切盼望何日得清明。及至倭寇授首，新民主主义论、新政协兼收并蓄的新政权不胫而走；一派梦寐以求的"全国统一、自由、民主、法治、和平建国"五彩缤纷，晨曦般的壮丽前景；大有可为，胡不为？这就是我们选择了北上的主要动力与思想基础。

耐勤的大哥早年在法租界的震旦大学就学时参加了新四军，解放后重新露面，急电招耐勤返回，我们遂在北京相聚；等等。

总体规划的争议

建国伊始，百废待兴，当局远见卓识，早在1949年5月即召开了城市规划座谈会，并授权梁思成先生按其见解起草新市区设想。同年11月，苏联专家巴兰尼克夫参照莫斯科红场的壮观场面，提出了“将行政中心设于旧城中轴线上”的设想。次年二月，梁与游学英伦八年归来的城市规划专家陈占祥共同提出了《关于中央人民政府行政中心区位置的建议》。当时党的领导普偏认为：北京作为信奉马恩列斯共产主义之人民共和国的首都，不能是一个消费城市，必须是一个生产性城市；为生产、为劳动人民、为中央服务。作为市长的彭真在一次对全体北京市民的广播讲话中曾说：今后从这里望出去，应该到处都是烟囱高耸，浓烟滚滚。也有人疑虑：政府行政中心挪出去，是否削弱了天安门代表国家、代表政权的标志性作用？甚至有人开玩笑地说：“有那么一个教授，要把我们从城里赶出去。”

1951年初，都市计划委员会以“行政中心设于旧城中轴线上”作为制定总图规划的基础，开始加紧进行编制总图的工作。没多久，巴兰尼克夫的方案得到最高领导认可。1953年6月，中共北京市委以党员干部和政治上坚定的技术人员在苏联专家指导下在动物园里的“畅观楼”成立了另外一个规划小组。梁思成、陈占祥、华揽洪等原都委会的大多数头面人士不再参与北京市总体规划的编制。北京的城市规划被纳入了党内研究的范畴。此后，中共北京市委的“畅观楼小组”制定了《北京城市建设总体规划初步方案》上报。由于国内外形势骤变，该总体规划草案始终没有得到中央书记处的正式批复。但“文化大革命”前的北京城市建设，基本就是参照此方针进行的。

“拨地”

1950年代初，新中国刚成立，各政府机关、大专院校等都要建房，成立机构；再者，当时还决定北京要建设成生产型城市，因此还要求尽快决定工厂的用地厂址；各单位纷纷来都委会要求“拨地”。而当时北京的总体规划还在争议、研制中，远远不能指导土地使用或曰“拨地”工作。北京城外是空地一片，连像样的道路都没有，更别提有规划道路可作拨地的依据。

恐怕很多人不知道，这场轰轰烈烈的建设事业，是从当时的西北郊所谓“文教区”肇始的。首先提出要求规划建校的是“中国人民大学”和“中央民族学院”。根据靠近清华、北大(当时还是燕京大学)和靠近当时唯一的一条干道——西颐路的要求，划定了校址。这样定点，符合当时的几个总图方案——苏联专家方案、梁陈方案和所谓朱(兆雪)赵(东日)方案；它们都划定西北郊为“文教区”；其大致范围东至京张公路，西至长河，北至清河，南至西直门。其时是1950年，北京的大规模建设，尚未开始。

当时樊书培具体负责各大院校的拨地工作，由于各大学都要靠近清华、北大，且已有人民大学和民族学院在西边确定了校址，领导们就意见一致，把高校都安排在西直门外。其后，他根据这个大方向，在当时的苏联专家帮助下，做了一个小型的地区规划，妥善安排了矿冶、石油、地质、航空、北医等俗称八大学院的教学区和生活区用地。中国科学院及其多个研究所也纷纷要求在西北郊建设。从此一发不可收拾。到1953年，在西北郊定点建设的高等院校和科研单位已超过25所。建筑面积近20万平方米，也就是当今中关村科学院区的发源地。

书培学长的工作颇得领导好评。1980年代北京市规划局编制的“局党史”中，有50年代年终评奖，曾两次给樊书培颁发100元人民币奖金，以资鼓励的记载。但是，到了1950年代后期，随着北京规划和建设的发展，以及认识上的变迁，“文教区”的概念逐步被否定；凡50年代后期以来的北京总图规划中已不再有“文教区”这个称谓。在原“文教区”内也安置了其他各类建筑；其后新建的高等院校，根据需要也被安置在全市各区。

当时周文正是这批人中年资最浅的，不

圣约翰建筑系同学合影，前排左起：白以求、周小龙、罗小未、籍之芸，后排左起：樊书培、王秉铨、白德懋、李莹、韦耐勤、陈永芝、范谦、周文正、籍传实（北京，1962）。

知为什么被指定从事工业区的选址用地，可能也就是所谓“廖化充先锋”，少年气盛，不知天高地厚，敢于担当吧。

根据北京应该是生产性城市的理念，50年代初，市轻工局就提出要新建几座具有一定规模、达现代化水平的棉纺厂。当时根据：①北京常年风向主要是西北向东南为主的规律；②棉纺厂对周边环境污染影响不大；③这种地方性的轻工业工厂投资额度无力同时建成配套的生活服务设施；④女工人数偏多、生活后勤需求也偏大，不宜过于偏僻等前提，选择了东郊朝阳门外一带不太远，基本上还是农地，拆迁任务不算太大的地段，前后设立了几个对环境污染影响较小的棉纺厂。当时总图还不可能提供近郊道路网的布局，为了棉纺厂拨地的需要，结合其条件作了相应地段的道路网考虑。各厂投产后没有听说有关于选址的负面反应。当然其后这些地段随着城市发展、历史性地合理演变了使用性质。

民主德国友好地向我国提供了几项他们开发的高科技精密仪器生产厂，建厂规模大，保密、保卫以及空气、土壤、地下水等方面对环境无污染要求奇高。考虑到北京常年主导风向，参考当时的总体规划轮廓，在酒仙桥左近局部地做了必要的道路规划，划地建厂。多年后，那些工厂已不复存在；遗留废弃厂房被改造利用，成为许多绘画、造型、音乐艺术家们非官方性质的创作与交流的活动场所；形成并招揽了很多人前往访问、参观、游览。一个名闻遐迩，主张“西方与东方音乐汇流”的华裔美籍音乐教育/作曲家周文中就曾在那里组织过一场他的斐声西方世界乐坛之管弦乐作品的小规模交流演奏会，与会的多为相关专业头面人物的个人代表。

此外，老城内的小街小巷散布着的一批与居民生活密切有关、又有燥音污染扰民、防火上不够安全的小型工厂或作坊。随城区人口递增，也需要扩大其产能。故选择在南郊永定门外宋家庄左近原有居民密度不大的地点，设立了一个小工业区，供上述小厂从旧城里集中外迁；或作为要求新建类似小厂的拨地落脚处。这样做，从政府加强管理或厂家经营角度，显然都是有利的。随时间推移，这个小工业区也已历史性地不复存在。

50年代初，当都委会尚在市府大楼里工作时，工资都比较低，按月薪多少公斤小米折算发放。某年领导忽然宣布：当年全体员工“不评、不议，均按原工资级别平提一级发月薪”。结果，当时都委会全体员工，除一位陶姓工程师及周某两人外，均按其原定级别“不评、不议”地提高了一级工资。唯陶某被提高三级，后者提高了两级。本人理解，前者是因为陶曾参与天安门广场设计，得到领导的首肯吧。至于后者呢，没有任何特别背景，也许只是后者在操持工业区“地用”工作方面敢于担当，没有捅大篓子，表示鼓励吧。

华亦增参照英国成功推行的所谓“居民区邻里单位(Neighbourhood)”规划理念，受命在复兴路南、北两个真武庙小区做了相应的规划设计。其后，又为各区——其中最大一片在羊房店——为缺房户或征地拆迁户兴建低标准小片平房的需要做小区规划方案。华亦增可以说是我们这几个人中受命做小区具体规划并得到切实按图实施的一个幸运儿。

白德懋在完成了新侨饭店方案设计后，被邀请继续留下参与都委会工作；主要是与吴华庆一起主持旧城区的“地用”工作。在市府秘书长薛子正直接关注下，在向斌南、钟汉雄、籍传实、虞锦文、赵为昭等多人的大力襄助下，要坚持旧城土地使用有序、有远见，不脱离城市规划原则，尽可能少影响故都城市面貌，是相当艰巨的。

一个领导与技术人员结合的范例是：宣武区出西便门往北直行的南礼士路，需蹭月坛古迹西墙而过。负责修路的方面与“地用”有歧议。薛秘书长亲自偕白某到现场考查，确认按路政方案筑路尽管是蹭边而过，势必难免会有损于该古建筑得到充分保护的原则；当场决定该路北段适当向东偏斜，确保月坛的内墙及门道得到充分保护。另一范例是业主要在东城东西向的灯市口大街一座旧楼上加层扩建。白某认为那条街是很重要的商业街，道路两侧原有建筑均系两层，且其路宽与楼高比例尚属恰当，相得益彰；不宜任意加层，影响街景。业主求助于领导，薛秘书长与白充分交换意见，取得一致后方才作出裁决。

当时崇文、宣武两处因历史上有挖土烧砖形成的废窑坑沤地，有意加工改造成公园湖面景观，即原崇文区的龙潭湖和宣武区陶然亭两个公园。白德懋与李滢结合废弃窑坑现状，设想了两个人工湖面的造型方案——陶然亭公园设计中有一条长堤通向湖中心的孤岛，以利游人前往游览，并在堤的中部增加观光平台，并将其后者平面形象设计成佛教表示“吉祥万德之所集”的“卍”形图案。不料，此项设计方案引起了都委会聘请的苏联专家眷属土曼施卡雅女士的严正抗议。当然，苏联人痛恨纳粹标志的心情是可以理解的，但查一下百科全书再发飙是否更好一点。

当年的北京城在行政中心设在旧城区已成定论的前提下，总图规划还远远不能具体指导，新中国百废待兴，大规模基建需要的情况下，认真的“地用”仍避免了不少可以是不必要的拆除、翻建等事项；是否可以说是：利在当下，功在千秋?

1966，梦断美院

任锡海

我的收藏夹里保存着一张中央美术学院招生委员会1966年6月发出的“准考证”。

这张油印的128开大小的纸片定格了我人生的一次无奈，也见证了共和国的一次荒诞。50年后的今天，品读这已经泛黄了的小纸片，我百感交集；回首那段不堪的历史，或许会让我们获得些警示……

1966年初，即将高中毕业的我向中央美院寄出了申请表，并按《招收简章》的要求附上了素描写生、水彩练习及主题创作等11件。

6月8日，我收到了中央美术学院招生委员会寄来的“准考证”。

读着油印的“(66)第油08号”及“北京、6月11日、校尉胡同五号”等不多的几个字，看着那长方形的“中央美术学院招生委员会”的公章，我的眼睛湿润了——多年的努力终于得到了回报！我朝着梦想迈近了一步……

然而，短暂的兴奋和激动之后，我的心情又沉重了下来——因为1965年夏天，正在做午饭的父亲突发脑溢血致半身不遂。住院治疗3个月后，又经过近半年的康复治疗，虽然有所好转，但仍不能自理。

想到父亲需要有人照顾，考虑到家庭生活的艰难，尽管年近70的母亲要我放心地去北京考试，但最终我还是选择了放弃——我决定毕业后找份工作，承担起养家和照顾父母的责任。

不想，班主任张秀忠老师听到这决定后很生气，他用不容置辩的口气说：“不行，要去。考上后可以不去，证明我们合格了……”并在我犹豫时，让同学送来了16.5元——去

1966年5月创作的版画《邓拓，这就是历史！》

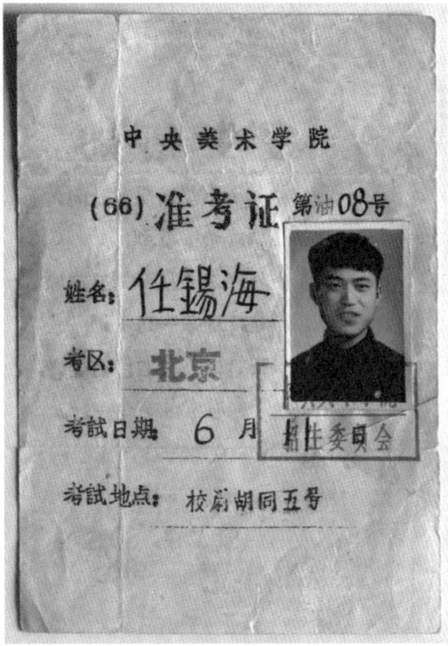

1966年6月收到的准考证

北京的硬座车票钱。他还让教导处开列了一张在北京高等院校读书的原青岛九中学生的名单，并分别出具了介绍信，要我到北京后找他们，请他们帮助解决借宿困难……

6月8日下午，我带着一条线毯和画具登上了去北京的火车。

由于事情来得突然，加以平日很少出远门，我的嗓子突然发不出声，成了个“哑巴”。值班的列车员发现后，对我特别关照，几次给我送开水——那时候，在火车上喝水是要买水票的，一分钱两张(两杯)。晚上交班前，她又特地嘱咐我盖好毯子，安心睡觉。她的关心让我感到了温暖……

6月9日上午，列车到达北京。一出站我便打听要去的那几所大学的方位。当得知它们都在郊区的“三里河”那里时，我有些打怵了。

没顾得上吃午饭，我一路打听着，换乘了两次公交车，终于在下午两点前到达了“三里河”，也找到了钢铁学院。可没想到的是：钢铁学院大门紧闭。透过小窗口，操着京腔的门卫说“不行”。再求他，则回答说：“上级有指示，不准串联。”——从青岛来的我不知道“串联”是何意，便解释说：“我不是串联的。”他不耐烦地说：“不管是不是，反正外人

1966年6月，在北京天安门前和小伦子的合影

一律不准进”，随即“乒”地一声把小窗口关上了。

无奈的我去了离钢铁学院最近的另一所大学，但得到的回答同样是“不接待”。不舍气的我又去了另一所学院，结果依然如此……

来北京前，我参加过学校组织的有关学习，也听了些报告，看了些批判邓拓、吴晗、廖沫沙“三家村”的报刊文章。不久前，还学习了“5·16通知”，从没想到“文化大革命”在北京竟然是这个样子：大学停课，闭门批判，连人都不让见，我很不理解……

想到结果必然如此，我无心再去别的学校了。

无助的我坐在路边，心情如同眼前被来往的汽车扬起的沙尘一样，一片茫然——我体会到了什么叫“走投无路”。

几近绝望的我突然想起离家前大哥曾给我一张字条，上面写有一位北京朋友家的地址。大哥说，去年出差时在江船上遇到了一位叫田哲生的人，他听大哥说1966年夏天我可能到北京考美院后，他留了这字条。说到北京后可以去他家住，他家离中央美院很近……

因觉得大哥与其只是萍水相逢，既不沾亲又不带故，人家可能只是客气而已，哪能当真。所以便不肯拿这字条。后来，因大哥的坚持，我才接过了它。

眼见天色开始暗了下来，我赶紧翻出这字条，照着上面写的地址一路打听着返回了市区，找到了位于崇文区“小三里河”一带的“鞭子巷”11号。

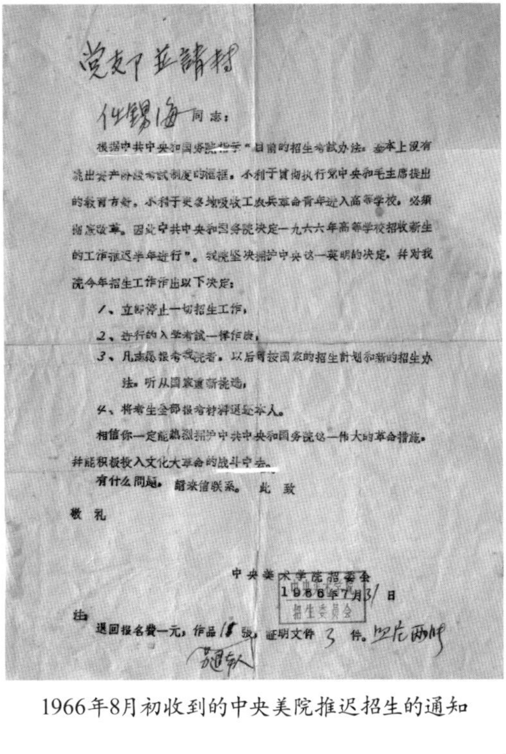
佟锡海同志：

根据中共中央和国务院指示“目前的招生考试办法，基本上没有跳出资产阶级考试制度的框框，不利于贯彻执行党中央和毛主席提出的教育方针，不利于更多地吸收工农兵革命青年进入高等学校，必须彻底改革。因此中共中央和国务院决定一九六六年高等学校招收新生的工作推迟半年进行”。我院坚决拥护中央这一英明的决定，并对我院今年招生工作作出以下决定：

1、立即停止一切招生工作，

2、进行的入学考试一律作废，

3、凡志愿报考我院者，以后可按国家的招生计划和新的招生办法，听从国家重新挑选，

4、将考生全部报考材料退还本人。

相信你一定能热烈拥护中共中央和国务院这一伟大的革命措施，并能积极投入文化大革命的战斗中去。

有什么问题，请来信联系。此致

敬礼

中央美术学院招委会

1966年7月31日

招生委员会

注：

退回报名费一元，作品18张，证明文件3件。

1966年8月初收到的中央美院推迟招生的通知

当我迈进这四合院的大门时，天已经全黑了——快七点了。

田大哥还没下班。但田大嫂好像知道有这么一回事，听了我的自我介绍后，便热情地让我放下行李，又让大约八九岁的儿子“小伦子”帮我打洗脸水……

过了一会儿，院子里传来了一阵自行车的铃声。“小伦子”立刻跑了出去——田大哥回来了！

……

晚饭后，田大哥在院子里摆好桌凳，冲上茶，和我聊起了天。吃过晚饭的四邻也陆续来到院子里，田大哥挺自豪地对他们说：“锡海从青岛来，要考中央美院……”

才6月初，北京的天气就热得让人受

带到北京去的雕塑泥稿《毛主席和红卫兵》(1966)

不了。曾到过青岛的田大哥先是夸青岛的气候好，又回顾了在船上遇见我大哥的经过，随后便说到考试的事。他说："明天，让小伦子带你去校尉胡同去看考场，然后再去天安门广场。后天考试时，中午就不要回家吃饭了。我让你嫂子烙个饼，你带上它，去美院对面的一家小饭店买碗汤就行了……"

田大哥一家人的热情和真诚让我放松了很多，嗓子也开始能发声了。直到11点多，我们才进屋睡觉。田大哥说："北京就这样，后半夜天气才凉快点。这时茶喝足了，汗也出透了，也就睡得

1966年10月18日在北京接受毛主席检阅时偷拍的照片

1966年10月18日，在天安门前为辅导班的同学拍的照片

着了，北京人就是这样过夏天的。

第二天上午，“小伦子”带我去了美院，然后又去了天安门广场。在天安门前和“小伦子”拍的合影成为我这次“进京赶考”的见证。

1966年10月中央美院走廊所见

原本说是三天的考试，可能是因“文革”的缘故，只用两天便结束了。

田大哥邀我多住两天，说星期天可以带我逛逛北京的名胜古迹。自信考得不错的我说：“等来上学的时候再去吧。”那口气仿佛已经是中央美术学院的学生了。

第二天下午我离开了北京。

回青岛后，我向家人、老师和关心我的同学介绍了这次“进京赶考”的经过。我有点自豪地讲述了考画素描时，可能是因为我依照“契斯恰可夫教学体系”所要求的“从整体出发，循序渐进，按部就班”的方法画，所以引起了监考老师艾中信的注意。他站在我身边看我画，然后又拖来一把椅子坐下来看。还讲了由于紧张，再加上北京的天气干燥，我的鼻子突然出血了，艾中信老师看到后，递给我一张纸，又为我指示盥洗室的方向，要我去冲洗一下。当然，也没忘记炫耀由于平日做过很多练习，所以在第二天考“创作”时，一点也不紧张，略加思考便决定以在“阴岛公社”(现红岛)参加“围海造田”劳动的经历为素材，画出了一幅气势恢宏的《向大海要田》。我说：我按部就班地画，并不急着一定要完成它，因为老师看重的是创意和构思……

本来说“无产阶级文化大革命”半年就可以结束。但没想到，局势的发展远不是人们所预料的。不久，青岛也“停课闹革命”了，也出现了“大字报”铺天盖地、“保皇派”与“造反派”之间争斗的场面。我担任“辅导员”的初二(六)班的几个“革军子弟”学北京“联动”的样子，穿着军装，戴着军帽，腰缠皮带，把女班主任剃了个“阴阳头”，在校园里批斗。他们还在教室里放了一座纸糊的坟墓，说班里“出身不好”的同学是“黑五类”，是“地主、资产阶级的孝子贤孙”，要他们磕头。甚至还要将“地主出身”的班长、语文课代表免职。我仗着自己是“贫农出身”的“红五类”，便以维持学习秩序为由，将他们哄了出去，让那班长继续带领同学学习。

不久，书记和校长也被批斗了。课是没法上了，我们毕业班的文化课复习也没有人管了。无奈，我和几个同学办了个“印刷所”打发时间。我们油印过《毛主席诗词》，好像还有伍豪的《第二次握手》。所用的油印机、纸张和油墨都是从学校里领的，敞开用……

8月初，张秀忠老师将中央美院招委会的一封信转给了我。

在这张既是信纸也是信封的纸上印着：根据中共中央和国务院指示，“目前的招生考试办法基本上没有跳出资产阶级考试制度的框框，不利于贯彻执行党中央和毛主席提出的教育方针，不利于更多地吸收工农兵革命青年进入高等学校。必须彻底改革。因此中共中央和国务院决定一九六六年高等学校招收新生的工作推迟半年进行”……

我的“美院梦”碎了，但信中“推迟半年进行”的几个字给我留下了一线希望。

我依然很努力，用水粉画宣传画，在三合板上刻木刻，还挖河泥做雕塑——为半年后的“考试”做准备。期间，中央美术学院两位来青岛“串联”的老师找到了我，向我索要“文革中的作品”，说回北京后举办“中央美术学院师生文革作品展”。遗憾的是，因为他们来去匆匆，也因我的激动，当时没有问他们的姓名——后来得知是邓澍和侯逸民两位。

10月，我带着初二(六)班的十多位同学去北京“串联”。

行前，我向大哥借了一台“华山牌”135塑料壳小型相机，想在毛主席接见时拍照片用。我还将一尊新塑的《毛主席和红卫兵》雕塑泥稿装在盒子里，让于海福同学帮我抬着上了火车，想请中央美院的老师给提意见，也觉得或许还能参加“师生美术作品展”。

到北京后，我们被安排住在“西苑”的“国务院一招”。一路上坐火车、吃饭、喝水、住宿都不用掏钱，到处都是人，都是“大串联”的红卫兵。

三天后的10月18日，终于盼到毛主席的第四次接见。出发前，带队的“军代表”不让带任何东西，可我还是将“华山牌”相机藏在背包里带到了现场，并让同学做掩护，在毛主席乘坐的吉普车驶过时，迅速地举起它并按动了快门……

回青岛后将胶卷冲好，这才发现底片上没有毛主席的车，这让我好遗憾。而另一个遗憾则是：跨进中央美院的大门后，发现地上是残败的落叶，墙上是破碎的大字报，校园里一片萧瑟，连个人影也不见……

回青岛的火车车厢里人挤得满满的。行李架上是，厕所里也是，能在座椅底下躺着那算是“贵宾席”了。为保护好那泥塑，我上车时不敢与人挤，所以上车后便只能站着，且一站便是近二十个小时。期间，不但无法移动，连厕所也不能上……

学校被“东方红”和“红旗”两大造反组织割据，我的“印刷所”也没法办了。为街道办事处、为一些单位画各种尺寸的毛主席画像这活儿填充了我这段时间的空白。

“无产阶级文化大革命”变成祸国殃民的“十年动乱”，我的“美院梦”也因之破碎……

一个邬达克学徒的生涯

龚大维

近年来每当看到有关建筑大师邬达克的报道，总不由自主地想起了祖父和父亲两代人与邬达克的渊源。祖父系上海浦东人，俗称本地人。职业泥水匠。20世纪初上海的城市发展进入了快车道，对建筑工人的需求日增，浦东地少人多，为生计所迫到浦西谋生，大多在建筑界工作，成了上海滩早期土建行业的主力军。祖父经多年打拼，有了自己的施工队伍，成了一名包工头，并结识了邬达克，成了他工程中的分包，颇受邬达克信任。在邬达克的提携下，家境也日趋小康。

不久，祖父在法租界辣斐德路上租地造屋，建了自己的住宅。然而好景不长，正当祖父的事业处于上升阶段时，染上了抽鸦片的恶习。鸦片不仅摧残了他的健康，也对业务带来了无可挽回的影响。由于沉溺在吞云吐雾中，不思打理生意，渐渐失去了邬达克的信任，事业每况愈下。

没几年祖父就因病去世，留下了祖母和未成年的父亲和叔叔，家里生活顿时陷入困境。无奈之下，托祖父生前朋友找到邬达克先生，希望能收留我父亲去他的打样行学习。当时父亲是个尚未满十五岁的初中生，照理邬达克先生完全可以年幼为借口拒绝祖母的请求，但他一口答应。

就这样，父亲于1931年10月未满15岁进入邬达克打样行当上了一名练习生，直至1936年8月学成离开，学习、工作了将近五年时间。这是父亲一生中最关键的五年，不仅解决了家庭的生计，有了稳定的经济来源(在打样行里每月薪资六块大洋，足以维持祖母、父亲和叔叔三人的生活开支)，更奠定了他立足社会、安身立命的基础。父亲最终能成为一个学有

所长、受人敬重的优秀工程技术人员，一生有了一份体面的工作和较不错的收入，这一切都归于邬达克先生的教诲和培养。邬达克先生不仅是一代建筑大师，也是我父亲的恩师和领路人。没有邬达克先生的接纳和培养，社会很可能就多了一个面朝黄土背向天的农夫，而不是一个工程技术人员。从个人的角度讲，邬达克先生对父亲和我们家庭恩莫大矣！

父亲入职邬达克打样行的五年间，恰逢邬达克事业蓬勃发展的阶段。当时上海的时局相对稳定，经济发展较快，建筑业处于难得的黄金时期。打样行经邬达克数年经营已在上海赢得了很高声誉，业务蒸蒸日上。当时打样行已颇具规模，仅从家父保存的老照片中就可以看到宽大的办公室里十来个员工的合影。父亲逢此良机在打样行里刻苦学习，晚上还去中华职业学校补习英语。在打样行里接触理解了建筑的全流程，掌握了从设计、概预

邬达克事务所合影(前左一父亲)

算、投标、工程管理到决算的系统知识，奠定了扎实的专业基础，从此终身以建筑为业。

父亲在邬达克打样行学成出道后拜别恩师，开始了自己的职业生涯。入职的第一家公司是陆根记营造厂。

工作后不久，即奉母命与母亲成婚。隔年抗战爆发上海沦陷，土建行业全面停业。全家返回浦东老宅暂避战乱，不久生活就陷入困境。为了生计，父亲曾随乡邻冒着危险往青浦贩米。随着南京陷入敌手，沪宁线沿途出现了暂时平静的局面，城市里遭受战火重创的商业和民居等设施急需恢复。1938年初，父亲即从乡下来到浦西，进入了新惠营造厂。虽然仅半年左右时间，自此与新惠结下了缘分。在抗战后的南京及1957年公私合营前在上海两度加入新惠。1939年至1940年底应聘上海昌兴麟记营造厂工作了两年。

1940年3月，汪伪政权在南京粉墨登场，南京成了伪政权的首都，出现了虚假畸形的繁荣，各营造厂不断接到土建项目。父亲也在1941年4月去了南京。凭着他出色的业务能

在邬达克事务所

力，渐渐地在行业中赢得了口碑，站稳了脚。到了抗战后期的1944年底，父亲已能在南京闹市区的新街口租赁了像样的住宅把母亲和姐姐接去生活。到1945年抗战胜利的短短几年里，父亲先后在张继襄建筑师、鸿记营造厂、维大营造厂等处工作，名义上是雇员，实际或是与他们合作或是借用他们的名号经营。

工作之余，父亲还喜欢照相，他有一架德国的徕卡相机，用镜头记录了一些工程场景，如整修后的国民大会堂外景、修缮中的国立美术陈列馆、完工后的住宅等，以及诸多生活照。这些历经七八十年的老照片留下了历史的痕迹，虽平凡，也是一代人的记忆。

抗战胜利后国民政府还都南京，百废待兴，营造业迎来了另一个黄金期，业务应接不暇。父亲的首家工作单位——陆根记营造厂也从大后方来到南京。彼时陆根记已是有官方背景的大公司，当时刚在上海接到一个工期很紧的大项目，由于其技术人员还在大后方无

法赶到。陆根记找父亲救场，托关系让父亲坐军用飞机赴上海赶做工程预算(此事后来也成了父亲有所谓“历史问题”的一个疑点)。国民政府还都后，老东家新惠营造行也来到南京经营，父亲从抗战胜利还都至解放初一直在新惠旗下工作。凭着老板惠养民的活动能力和父亲的人脉关系，数年间合同不断，并能参与一些较重要的工程。如当年南京的几个地标建筑国民大会堂、国立美术陈列馆等战后急需修复并恢复功能，父亲均参与了这些项目的整修工程。解放前夕，陆根记在上海有一批军事防御项目，曾想把部分工程分包给父亲，虽然利润丰厚，但父亲秉承不与政治沾边的理念，婉拒了邀约。不然的话，那真是与人民为敌，罪孽深重啊！

1949年南京解放，父亲很快就接到了一些工程合同。他曾讲过江苏宿迁粮食局的粮库工程，颇有趣味。当时他独自前往工地，先坐火车到安徽明光，然后雇了当地唯一的一辆板车，坐在上面，车夫徒步拉着前行，路上走了两天。途中在一小镇留宿，晚上找不到一

中山陵留影

修缮中的国民大会堂

父母和姐姐在玄武湖边留影

家饭店可以就餐。最后敲开一家已关门的小饭铺，店里啥都没有，胡乱整了一点充饥。他说那条街上所有商铺的东西他可以全部买完。在宿迁呆了三个月，督造完粮库，带回家中是满身的跳蚤，母亲把衣服都泡在开水中消毒才杀灭了跳蚤。

解放初期我家里有一架钢琴，那时候钢琴可是稀罕物，我还经常在琴上胡乱瞎弹。可是家里没人有艺术细胞怎会有钢琴？后来才知道，国民政府还都后，南京的娱乐餐饮业确实兴旺了一阵，父亲接手的一家舞厅装修，工程款未结清就解放了。舞女改行，舞厅关

在南京某建筑前

全家福(南京)

闭。舞厅里的钢琴就折算工程余款搬回了家。1951年底“三反”“五反”运动开始后，家庭经济状况一落千丈，钢琴也就送进了旧货行。

随着社会的稳定和业务的发展，父亲看到了商机，1951年下半年决心筹办砖窑厂，一来自用，二可以销售。然而人算不如天算，当第一窑砖还在烧制中，三反五反运动开始了。窑厂尚未有任何经营活动，不知什么原因也被卷进了“风暴眼”。窑厂工人丢下工作跑到我家里讨要工资，要斗争父亲，吓得他赶紧往上海一跑了事。这下苦了母亲，天天面对赖在我家中的数十名工人，还要和保姆一起烧饭给他们吃。这种状况持续了好一阵，工人们才一哄而散。这么一折腾，一窑砖报废窑厂倒闭，投资全部打了水漂。

1951年底父亲躲到上海，由于正在运动期间，私营营造厂生意都很惨淡，父亲工作也不很稳定。恰巧郑州建筑工程公司到上海招聘工程技术人员，父亲前往应聘，工资待遇等条件都已谈妥，正打算办理手续时，恰巧新惠营造厂拿到了新的合同赶紧又聘请了父亲。不然我们全家就要迁往河南，成为郑州居民了。

尽管小心处事，但做生意总得和方方面面打交道，也势必认识三教九流各式人物，其中有些背景复杂。所以解放后本着对新政权坦白忠诚的态度，父亲“竹筒子倒豆”，把历年来的业务活动以及详细的人事关系事无巨细全部坦陈。结果上面还是对他的履历产生了怀疑，多次的内查外调，试图找到父亲与国民党特务组织的关系，但没有任何证据。按照

父亲在某建筑前

在济南留影(1953)

当时的政策，既然没有证据定罪，却也不能轻易否定。于是档案中就留下了“事出有因，查无实据”这么一句特嫌的尾巴。就这么一句话，不单每次运动来了父亲要担心一番，我们子女在入学、招工、分配等关键时刻都受到极大的影响。上世纪六十年代我姐夫在哈尔滨的飞机工厂工作，正在争取入党。待组织上认为他已具备条件准备发展时，按惯例要进行政审，查到了父亲档案中留着的那根尾巴，姐夫入党的事就这么黄了。而到了“文革”期间，更是来了个大爆发，抄家、隔离、革职、减薪、下放全都轮到。所幸父亲均挺了过来。1968年“清理阶级队伍运动”时，更是被隔离审查几个月，天天打扫厕所。有次我去位于东安路的市建八公司给他送衣服，到处是打倒他的标语和大字报。工资从全公司最高的165元减到了65元。熬过了审查关后父亲就被赶到了奉贤的工交五七干校。到了干校没干多少体力活，不久又为干校基建干起了老本行。直到“文革”结束要回原公司时，干校还想留住父亲帮他们继续把基建搞下去。

1957年公私合营后，父亲先后在市建五公司和八公司任职，一直勤勤垦垦，努力工作，其间多年在松江从事保密工程的建设。那时候工地生活条件很艰苦，每两星期才能回家休息一次。由于超负荷的工作，父亲一度健康状况欠佳，但他一边就医一边上班没有因病休息过一天，数十年如一日。这也是父亲在邬达克打样行养成的职业操守。正因为他勤奋加上技术全面，数次被评为公司先进工作者，领导还流露出要发展他入党的意图。父亲不免情绪激昂，萌生了递交入党申请书的想法，幸好母亲及时泼了冷水，说："安安稳稳过好日子就行了，咱们这种身份不求有功，但求无过就阿弥陀佛了。"如此父亲才作罢。要不然一个就是根本入不了，即使侥幸入了党，到"文革"时必定又多了一条罪名"混进党内的阶级异己分子"。

父亲的一生，无论是在解放前的私营营造厂还是解放后的国营建筑公司中，父亲始终是业务的骨干，技术尖子。只不过由于历史的原因，在他以后数十年的建筑生涯中再也没有遇到过像邬达克这样有才华的建筑师，也没有机会参与像国际饭店、大光明电影院这样一流项目的施工建设。由于时代的局限，他们这一代工程技术人员没有得到充分施展才能的机遇。

改革开放后，建筑行业迎来了前所未有飞速发展的契机。私营建筑企业蜂拥而起，他们中间不少人手下有一支能干活的施工队伍，却没有懂技术的行家把关，急需找"老法师"在业务上掌舵。有父亲这样技术背景的退休工程师成了私企竞相寻觅的"宝"。他就这样在私企中一直"顾问"到八十岁才真正退休。晚年，他常感叹建筑行业的机遇来得太晚了，失去了大显身手的时机。要不然按照父亲的性格，他一定会打拼一份自己的事业。

父亲投身建筑业六十余年，从未听说过他负责的工程出现过任何质量问题或差错，这一切都得益于邬达克的教诲和培养，学艺五年，一生受益。记得2008年邬达克文化年，新民晚报上有较详细的报道，年近九十的父亲阅读了文章，兴奋不已，向我们讲述起往事，对邬达克设计的名建筑一一道来，如数家珍。激动之余他甚至一度萌生撰写回忆文章向晚报投稿的念头。由于我那时还在工作，没有鼓励和协助他完成这个愿望，现在家父已于六年前(2013)作古，留下了一个永远的遗憾。

此情可待成追忆

黄上恒

我的妈妈熊淑媺出自南昌月池熊家，1917年8月生于北京。外祖父熊正琦(1882～1938)自幼在熊氏家族心远学堂就读，19岁那年参加乡试考中了秀才，21岁考中了举人，后又在上海进入马相伯创办的新式震旦学院学习。曾任吉林省财政厅长和众议院议员。“七七”卢沟桥事变后，外祖父突然失踪，推测是因他不肯就任伪职，被日本人或汉奸谋害了。外祖父祖母共育有子女10人，6个男孩，4个女孩。男孩以“大”字行，女孩以“淑”字行，罹难于冀中第一冤案的清华抗日英烈熊大缜是妈妈的五哥，妈妈排行第八。

妈妈就读于北师大女附中和南京女子中学，1936年考入中央大学外文系。妈妈身材颀长，曾任9人排球校队队长，还在莎翁名剧《第十二夜》(*Twelfth Night*)和易卜生的《娜拉出走》中，饰演男角。后因眼疾休学，1937年9月回到上海家中，此时距南京沦陷只有两个多月。后又借读于沪江大学，继续英文专业学习。1941年辗转几千里，经香港、缅甸到重庆与留德归来的爸爸成婚，同赴李庄同济大学。妈妈后来多次提到过湖北界首这个小地名，当年踏上艰辛之旅，曾在界首滞留半个多月，给她留下深刻印象。

李庄位于四川宜宾。国难之际，以一镇之力，接纳了中央研究院、同济大学等多所教研机构，延续中国科教命脉，功在千秋。前两年，中央电视台播出的纪实片《中国李庄》，又有《南渡北归》《发现李庄》等书都详尽记录了当年李庄的时时事事，可惜爸爸妈妈都没看到，不然一定会唤起他们的许多回忆。我的姐姐上仪和上元都出生在李庄。爸爸任同济电机系主任，承担弱电方面的所有课程，既有“微波引论”等艰深课程，也有“电话机交换原理”等普通课程。妈妈在预科教授英文和数学，妈妈当年的学生，即使是后来

母亲念中学时(前左一)

的院士校长，见了她必先恭执弟子礼，一起回忆那艰难而充实的时光。

李庄生活教学条件相当艰苦，教室多设在庙堂里，爸爸妈妈经常打趣：白天是佛门弟子，晚上还俗开荤。当时的教员宿舍由大仓房用泥糊竹笆分隔而成，不能隔音，也不隔味，每日的菜谱，周邻比你还清楚。妈妈自己动手和泥抹墙，跟当地人学会在泥里和上大青盐粒，让泥墙随时吸收水分，不至于过早开裂。妈妈还跟镇民学会了腌咸肉和熏腊肉，还会打硬衬(北方人称袼褙)用来做鞋面及纳鞋底。

当时自备发电机只供实验室使用，教员和学生的住处还不能供电。父母晚上备课全靠油灯照明。我听妈妈说过，用菜籽油点灯火头小，而且价高。他们多用桐油点灯，虽然火头猛，亮度高，但油烟大得受不了，一晚上坐在灯旁，熏得好像戏台上的包公。所以他们常说，我们每晚都要唱一出戏，剧目天天都是《铡美案》。邻居是一位地学教授(方俊)，太太产后缺奶，教授养一只母羊，挤羊奶哺婴。每当牵羊路过爸妈的家门时，总要作凄苦状

与外公合影

唱“牧羊，牧羊......?可怜的秋香，我就是那可怜的秋香......?”(1924年默片《可怜的秋香》主题曲，曾风靡一时)。妈妈最爱学他的唱，学他的表情，每当唱完后，忍不住随我们一起大笑。

抗战胜利后，爸妈于1946年5月随同济复员返回上海，爸爸同时还兼大同大学和浙江大学教授。几年后，新中国成立，俄语大行其道，英语式微。妈妈于1952年到上海晋元中学(以纪念淞沪抗战名将谢晋元命名)就职，教数学。我依稀记得此前妈妈还到教师学院进修了一段时间。中学的数学课程分为初中代数、平面几何、高中代数、平面三角、立体几何和解析几何诸门，妈妈全都胜任，深受学生欢迎。

当时我家住淮海中路1200弄，后来院系调整，爸爸调入交通大学，我们搬家到了宛平路120号，毗邻衡山公园，而晋元中学位于上海西北角的普陀区。妈妈上班路很远，至少要倒两班公交，她总是全家出门最早回家最晚的人。除了教高中的数学课外，妈妈还一直担任班主任，每周都要家访。我清楚记得，有一天明明是大晴天，妈妈很晚才下班回来，脚上却穿着一双元宝套鞋。我们问起缘由，妈妈说，她班上学生不少住

在阳台上

三姐妹，左起四姨(老十)、妈妈(老八)、三姨(老九)

在棚户区。学生曾告诉她，棚户区道路泥泞，即使晴天，也要穿胶鞋，所以妈妈在办公室备了一双套鞋。那天去找一位学生家长，劝说他不要因家庭困难而强迫孩子辍学，这一谈就是近两个钟头，来不及回办公室换鞋，就直接穿着套鞋回家了。

妈妈还担任学校的工会主席，记得有一次，妈妈把爸爸拉到学校参加教师联欢，由晋元中学同事、沪上教育界京胡名家胡先生操琴，爸妈表演了一段《打渔杀家》中萧恩萧桂英的父女对唱。回家后妈妈开玩笑，今天我比你爸爸低了一辈。

1956年，晋元中学更名陕北中学(1984年又恢复原名)，据我揣测，倒不是学校和陕北有什么渊源关联，只不过处于陕西北路的北尽头而已。不曾想妈妈的后半生真的和陕西结下了不解之缘。

晋元高58届一班由妈妈担任班主任，自高一始，直至全班都考上大学。1958年8月我们全家随交通大学西迁，那个班去了许多学生到火车站送行，他们紧紧抱住妈妈，久久不肯松开。北京大学数学学院庄大蔚教授就是那个班的学生，他在庆贺妈妈八十寿辰的来信中深情回忆："在1956～1958三年间，您是我们一班的班主任，又是数学老师。在您辛勤教育和培养下，我们都已成为国家有用的人才，您为我们花费了大量心血和汗水，我们打心眼里感激您……1958年八月，我们去上海北站送别您赴西安的情景还历历在目，直到火车鸣笛开动我们才依依不舍地离去。"

1958年国庆节，妈妈人虽到了西安，还以上海教育界代表身份到北京参加全国教育群英会。妈妈后来无意中提起，1956年爸爸一人已先到西安筹办无线电工程系，作为骨干教师，晋元的领导原本不愿妈妈调走，交大派员到晋元做工作，才有了后来我们的举家西迁。

到西安后，妈妈在西安交大附中任教导处主任，同时还教授英语和数学。她依然是最早出家门最晚回家的人。除了白天上班，有时晚饭后，还要到学校去盯晚自习。那样就要在灰尘飞扬的咸宁路上走6个来回。我们姐弟三人都在交大附中上学，但都没有听过妈妈的课，只能从她任课的学生口中听到，“熊主任的普通话真好听，英语读得真标准”，“熊主任板书整齐又漂亮，黑板上画圆根本不用圆规”，调皮的学生说熊主任批评学生也和颜悦色……

“文革”来了。1968年下半年，两个月里我们姐弟三人都离开了父母身边，大姐去了宁夏青铜峡工作，二姐去了汉中褒河水库劳动锻炼，而我要去宝鸡县山区插队落户。妈妈接连几夜开动缝纫机，精心为我们准备行装。1968年11月4日，妈妈以教师和家长代表身份到西安火车站为首批上山下乡的学生送行，我只能远远望着，挥手告别妈妈，心里担忧爸妈两个人怎样应付接下来的动荡年月。

1971年春节前夕，我在插队的山沟里，从陕西广播电台听到了一则消息：在毛泽东思想指引下，知识分子和工农相结合的道路越走越宽广。西安交大的黄席椿教授运用专业知识，在大庆油田电感测井中做出了贡献……我想这样一来父亲的境遇会大改变了。怀着几分轻松，我赶在大雪封山前夕踏上回家的路。

回到家里，父母脸上看不到一丝兴奋。妈妈把我拉到一旁悄悄告诉我，前天父亲接到通知，要他带上行李，到学生23舍参加整党学习班，过一个“革命化”的春节。还说只要灵魂挖掘深刻，有希望恢复党组织生活，等等。昨天父亲按时去了，系斗批改组长站在门口呵斥道：黄××，不要以为你上了广播电台，尾巴就翘到天上去了！你的问题远远没有解决，从哪儿来的回那儿去！我想经历这样一个变故，爸妈的情绪一定会大受影响。

第二天就是大年初一，窗外大雪纷飞。我起得晚一些，推门没料想看到他们各占一头，坐在家里仅剩的一张桌子前，父亲在做哈林敦名著《时谐电磁场》的习题全解，妈妈在做“三S几何学”习题，平静专注，好像什么都没发生过。

在那波诡云谲、前途未卜的年月，对父母亲而言，沉浸书海是摆脱烦恼的唯一良方。

家人合影，左起四姨，六舅，外公，三舅，外婆，妈妈，二舅，三姨(北京西路家中阳台)

“文革”中屡经勒令搬家，爸妈最舍不得丢弃的就是书，由于没地方安置书橱和书架，成捆的书只能屈居床底下，常要翻阅的书就叠放在窗台上。那时大学还没有招生，中学已经复课，代数、几何和三角统归一门数学课，内容十分简单，妈妈尽可能在课堂上补充一些“文革”前正统教育中必懂必会的知识，我看到妈妈当时的备课本，上面把何处必讲，何处需要补充标注得很清楚。

妈妈以她的镇定和从容，支撑爸爸度过“文革”最严酷的一段时间。她抚慰鼓励遭受批斗的爸爸，甚至在爸爸实在想不出如何交待问题时，还代笔替爸爸写材料，让爸爸誊写后拿去交差。在那火柴都要凭票供应的年代，尽可能安排好爸爸的伙食起居。爸爸的劳动服每天都要洗干净，即使在那扭曲的时代，也要让爸爸保持尊严。爸爸后来对我们三姐弟感慨说，没有你们的妈妈，我恐怕熬不过那段时光。“9·13”事件后，爸爸“落实政策”，住房条件改善了(搬回了“甲级宿舍”，与数学系徐教授夫妇合住)，爸妈又恢复了各

父母在重庆合影，接着就去李庄同济大学任教

在北京西路家中

复兴公园合影(上海, 1953)

自的书桌，每逢平静夜晚，两位的台灯一直亮到很晚。

1974年妈妈从交大附中(此时已更名西安市83中)退休。

1977年10月，我听到了恢复高考的消息，原本属于“非分之想”的上大学的念头又冒了出来。领导给了我一天假，让我回西安觅复习资料。我回到家里，妈妈搬出了一个小藤箱，里面除了跟随妈妈多年的词典、英语语法书和各种数学参考书外，出乎意料还叠放着我高中的全部数理化课本。这些书在1966年6月辍学后，就不知道被我撇到哪里去了，没想到它们被妈妈精心收藏在她的书箱里，现在派上了大用场。妈妈嘱咐我，离考试只有两个月不到了，陷身题海肯定不现实，初次恢复高考，题目不会太难，要吃透基本原理和重要公式，解复习题要少而精，做到举一反三，不要将宝贵的时间花在偏题难题上。我带上我的课本和两册习题精选回到单位，抓紧下班后的每一点边角时间复习。12月10日、11日我在宝鸡参加考试，考后才深深体会到了妈妈策略的高明。

父亲赴西安筹建无线电工程系前全家合影(上海，1956)

1978年春节前夕，我收到了大学录取通知书。当时家里还没装电话，我把电话打到楼下刘书记家里，小刘(妈妈的学生)上楼来通知妈妈接电话，妈妈听到我说“姆妈，如愿以偿”几个字后，再也掩饰不住心底的兴奋，连连说了几遍：“谢天谢地，感谢小平同志。”

妈妈的记忆力之强令人羡慕，无论是形象的或是抽象的。凡来探望她的学生，不用自报家门，她马上就能说出姓名，哪个年级、哪个班，甚至连班主任姓名都记得。当时外籍教师公寓就在我们隔壁，外教经常邀请爸妈去喝下午茶，他们愉快交流，丝毫没有障碍。要知道，妈妈的英语口语还是几十年前打下的底子，而后很少有实践机会。有一次，我因双语教学需要，想为学生介绍动词接不定式或动名词的知识点，苦于手头没有一本语法书对此有专门的总结(当时还没有互联网可利用)，我去请教妈妈，她顺手拿起纸笔，边说边写：“只要把这些只能接动名词做宾语的动词记住，余下的全部接不定式。”后来我和某资

离沪前与同事合影(1958.8)

料的动词表比较，妈妈写下的几乎无一遗漏。

1983年妈妈到上海治疗双目白内障，因当时人工晶体技术尚不成熟，仅做了摘除手术，阅读书报要戴厚重的眼镜，还要借助放大镜。即使如此，妈妈还是改不了夜晚卧读的习惯，每天的《新民晚报》和《参考消息》都是从头条读到版末。我们还为妈妈订过一段时间*China Daily*，后因眼睛实在不堪其负，就停了。顺便说一句，我家自1950年起就订《新民晚报》，到西安后继续订着。它1966年停刊，1984年复刊后，又立即订上了，一直延续到了现在。《新民晚报》送达西安要迟两三天，要用它了解新闻毫无意义，爸妈和我喜欢《新民晚报》是因为它的海派味道能满足我们浓浓的上海情结。

都说“母亲是人生第一位教师”，我的妈妈是我终身的老师。当我走上教学岗位后，铭记在心一句话是“只有好(四声)为人师，才能好(三声)为人师”，意思是要想成为一名好教师，必须热爱这个职业，热爱自己的学生。妈妈是这样说的，也是这样做的，她也要求

离沪前与同事合影(1958.8)

我们做到。妈妈揽下全部家庭事务，全力支持我们提高教学和业务水平。妈妈特别宠爱她的小孙子，而孩子最亲近的也是奶奶。在四五岁前每天都要睡在奶奶身边，听完奶奶讲故事才肯入睡。孙子渐渐大了，妈妈又担起督勉他努力学习健康成长的职责。

1997年1月底，妈妈已病卧在床。一天下午，何大哥(晋元高58届一班学生)代表全班同学来看望妈妈，他说此时他们班全体同学正在上海聚会，不一会儿会打电话来问候。三点半，电话铃响起，我将电话机移到床头，开启免提。电话那头十分热闹，传来一片“我先讲，我先讲……”，“一个一个来……”的喊声。

“熊先生，侬猜猜看我是啥人？”

“侬是×××，伊年考到××大学。”

“格么我呢？”

“侬是××，是我班浪顶皮的学生。”……

与陕北(晋元)中学同事挥手告别(上海, 1958.8)

何大哥怕妈妈太累，建议大家每人只说一两句。

“熊先生，侬个教导我永远不忘。”

“熊先生，祝你早日健康起来。”

……

门铃响起，原来订的鲜花送到了。当何大哥把花束送到妈妈手中，我们都流泪了。

1997年2月26日，妈妈离世远去了。妈妈40岁时从上海来到西安，又在西安度过了她生命的后40年。妈妈是一位普通的中学老师，无论在李庄，还是在上海或西安，她始终用“心”教书，把每一个学生都视作儿女，才使得代代学生都怀念她，感激她。

如今爸爸妈妈安眠在上海福乐山墓园，又能倾听到熟悉的黄浦江流的声音了。

我的波兰祖母华罗琛

华新民

我的祖父华南圭(字通斋)是无锡人，1904年自京师大学堂官派留学法国，后来成为卓越的土木工程师及土木工程教育家。祖母(Stéphanie Rosenthal)与祖父在巴黎相识，婚后在1911年来到中国。祖父在巴黎的公共工程学院(Ecole des Travaux Publics)就学时，祖母在巴黎的索邦大学(Sorbonne Université)读植物学，估计他们是在某个大学生聚会的场合认识的。两人之间用法语交流，并一直如此。

祖母1883年出生在波兰中部城市卡利什(Kalisz)，原名Stéphanie Rosenthal，婚后依西方习俗改成夫姓，所以来到中国后就有了华罗琛这一名字。来华几年后，早已有文学志向的祖母，开始提笔用法文或英文写中国人的故事，署名Horose，以不同载体，或小说或杂文或游记，分别在中国和法国发表。在中国发表时，由祖父或他人译成中文，署名罗琛或华罗琛或露存。

祖父归国后的第一个工作是在京汉铁路线上的彰德府(即河南安阳)任段长，这里便是祖母的第一个落脚地，但很暂短，因为一年后祖父就被调到北京的交通部任要职，之后各种职务也是以北京为轴心，所以直到祖母1937年初夏离开中国，她几乎全部的生活都在北京。对于彰德府，留下的唯一记忆是一张1912年10月的全家福照片，那是我父亲华揽洪(后成为北京建筑设计院总建筑师)满月时拍摄的，与专程从无锡荡口过来团聚的曾祖父和伯祖父一起。

来到北京后，祖父在无量大人胡同买了一块荒地，为家人设计了一所风格中西合璧的宅子，形成18、19、20号三个门牌，1914年入住，四十年后我就在这里出生。1915年，祖

祖母

母以“无量大人胡同19号”为基地，发表了她的第一部长篇小说《女博士》，由商务印书馆出版。这本书是忙里偷闲的祖父用文言体翻译的，描写一位中国女子到巴黎学西医的经历以及她归国后如何创业。1923年她又在文学杂志《小说世界》，分八期连载了第二部长篇小说《恋爱与义务》，中文(白话文)译者为赵祖欣先生(即赵少侯，著名翻译家)。1924年，仍是在《小说世界》，发表了中篇小说《回国学生》。祖母的作品，经常围绕年轻人婚姻不能自主的主题，也围绕中西文化的碰撞和跨国家庭的处境，字里行间还诉出其他令她忧心的社会现象。

《恋爱与义务》在刊物上连载后，于1924年由商务印书馆出版，同时还有祖母自己写的英文版(*Love and Duty*)。几年后又在法国出了法文版[*La symphonie des ombres chinoises* (浮影)]。作品倾诉了一场由包办婚姻酝酿的悲剧：在长辈压力下，女主人公没能与自己的初恋情人结合，不得已嫁给门当户对但无感情的男人。若干年后她与所爱的人重逢，选择了私奔和抛弃幼小的两个子女，但内心极为痛苦。同时因此行为被社会所不齿，导致其情人在穷困潦倒中病逝，而他们两人所生的女儿在成人后也为此不得顺利出嫁。最终她为成全女儿的幸福决定自尽，并给丈夫留下一纸遗书，恳求收容女儿并托付照顾好三个孩子。蔡元培先生为这本书写了序，行文中说读后“心神为之一振；其叙事纯用自然派作法；准个人适应环境之能力而写其因果之不爽；其宗旨则颇以自由恋爱在一种环境中，殆不免於痛苦……”。

透过民国老报刊的众多书评和相关报道可以发现，《恋爱与义务》是祖母小说中最成功的一部。之后若干年中，她又写出也非常受欢迎的《她与他》(1928)和《双练》(1934)(仍由祖父翻译，前者文言体，后者白话文)，以及只在法国出版而没有中文译本的 *Nos sangs melés* (混血)(1957)等法文著作，但还是《恋爱与义务》影响最大，多次脱销再版，并且还分别在不同年代被改编成不同剧本，陆续搬上银幕。第一次在1931年，由联华影业公司摄制默片，片名即《恋爱与义务》，阮玲玉和金焰担任主演。第二次是1938年，由新华

祖父母(1910)

影业公司以有声形式重拍，片名为《情天血泪》，第三次是邵氏兄弟公司1955年在香港再次重拍，仍叫做《恋爱与义务》。

《恋爱与义务》的默片版拷贝曾失踪半个世纪，后被台湾电影资料馆从南美的乌拉圭偶然找到。继而在上海(2014)和北京(2016)举办的国际电影节放映了。我在电影院里发现几位年轻观众，居然能接受这么一部时长两个半小时的默片，而且还看哭了，显然是被其主题的永恒性所打动。

祖母还写有一本评论中国社会现实的杂文选集，也得到很大关注，即1926年出版的《心文》(祖父翻译，文言体)，署名露存。1998年，国际文化出版公司以白话文重译了《心文》，附在其所出版的美国著名行政法学专家古德诺(Goodnow，1859～1939)所著《解析中国》里，以显示另一位西方人的视角。文中，她赞美天津南开学校："外人常言，华人独办之事业，若无外人助之，则十之九不能成就，或成就而糜费甚大。然观于南开，则此言殊

左起祖父、曾祖父、伯祖父、父亲、祖母(1912.10)

不可信。”她又痛心一些生活优裕的妇女对子女的失职：“对于小儿未受完善之抚育耳，其咎谁属？属于为母者。号称巨室世家之太太奶奶，十之八九，以麻雀为日课，维日不足，继之以夜，甚或通宵达旦。如之何能夙兴以监视其儿童照料其儿童乎？”书中多为针砭时弊。《心文》的序言是朱胡彬夏女士写的，其中说到祖母：“视吾国如其母国，其关心于吾民之痛痒，与忧世愤俗之慨，殊不亚于吾人。其对于吾国政教风俗人情心理之观念与议论，则以其幼年在另一环境所受之影响，反较吾人为公允透彻。”朱胡彬夏是当年的女权运动先驱和著名报人，1931年不幸病逝。而在胡寄尘为《她与他》所做的序言中，也对祖母有类似评价：“女士爱其第二祖国之热心，不减于吾侪之爱吾第一祖国。伊以另一眼光，批评吾国社会，以及文艺等，有为吾国人所不能见到者，其名贵可知；况乎一文一字，又皆出于爱国之诚哉。女士尝曰：‘吾之著述：非欲以才炫世，实欲以义献于世。’吾等之读其文，当若何自勉庶几不负其盛意也。”

《女博士》

《恋爱与义务》

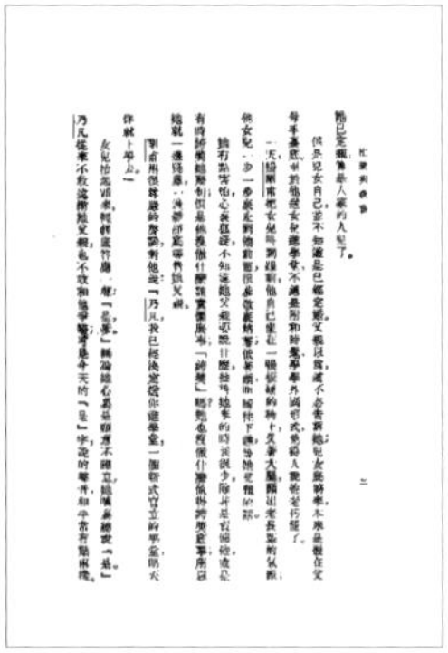

《她与他》

《混血》

金焰与阮玲玉

《心文》

与此同时，祖母在法国当地期刊上也发表了一些文章，以正面介绍中国为主，以弥补西方对中国认知的不足或纠正偏差。如1931年在《电影周报》上发表了《中国近代影戏进步情形》，1932年在《希腊妇女》杂志上发表了《中国女士》，后者描述了辛亥革命以后中国妇女地位的变化。

祖母也不仅写作，还是热衷于行动的社会活动家。早在1912年，刚到中国不久，她就组建了一个小社团，成员为一些在中国生活的西方妇女和嫁给西方人的中国妇女，聚会时沟通家庭教育等问题，或举办演奏会和舞会。该社团还进行各种慈善事业，如募捐赞助孤儿院和黄包车夫等。到了二三十年代，祖母开始关注更为广大的纯粹的中国妇女，因此她参与成立了《女子敦谊会》和《国际妇女友仁会》，并发起成立了《女子扶轮会》，与一些中西妇女定时聚会，讨论如何让妇女重视对子女的教育及子女的身体健康，如何让更多妇女读书看报，不再沉湎于麻将牌等。我在民国老报纸上零星读到了《国际妇女友仁会》的活动：指导婴儿哺乳卫生方法的《告母亲书》、组织食品商店清洁有奖比赛的《告市民防疫书》、组织赈灾游艺大会等。李定夷著《民国趣史》(1917)"敦谊会之西曲"提及《女子敦谊会》："前者孙总理夫人与华南圭夫人等，以吾国妇女向鲜家庭教育，特行发起办一女子敦谊会，俾得不时聚集讨论进行。该会成立之期，特假外交部新公所开一茶会，中西妇女到者数百人。"

另外，为了促进中西作家交流和鼓励更多关注社会问题的优秀文学作品，1935年，她在无量大人胡同家里，成立了一个叫做"北平国际文艺座谈会"的文化沙龙，确定每月举办一次茶会，由部分中外会员轮流就不同的主题发表讲演。依该座谈会章程所述，其目的也为"提倡公正真实足以增进国际民族间之谅解与感情之一切作品""反对存心侮辱伪造事实足以引起国际民族间之仇恨与恶感之一切作品"。在这里，祖母曾介绍波兰作家Henryk. Sienkiewicz(亨利•显克维奇)的著作《你往何处去》(Quo Vadis，诺贝尔奖)；彭麟阁先生讲过中国诗歌的演变；郭文蔚先生讲法国文学家Anatole France(阿纳・托尔法朗士)，范任先生介绍过鲁迅作品；梁宗岱先生讲法国文学家Paul Valery(保罗・瓦莱里)，等等。该会还为纪念四年前离世的朱胡彬夏女士，设立了《朱胡彬夏》文学奖金，奖励给了《生命的波涛》的作者刘王立明女士和《幽闭的陈庄》的作者王林先生。该座谈会的中国会员还有朱光潜、吴宓、郑振铎、梁宗岱、彭基相、陈绵、张若明、王蔼芬、曾觉之、刘廷芳等人，及法籍会员邵可侣(Jacques Reclus)和英籍会员鲍尔温等人。会场主要是在我家庭院或客厅里，偶尔也在他处，如吴宓先生家里，其在1937年春的日记里有过几次记载。这个座谈会举办了两年，后来随着日本侵华，便在无形中解散了。

1937年初，祖母还邀请重返北京的法国传奇女藏学家亚历山大莉娅・大卫・妮尔(Alexandra David-Néel)到我家居住了几个月，她们后来成为挚友。

祖母还非常积极参与推广世界语(esperanto)，这应该早就是祖父母的共识。世界语是波兰的柴门霍夫(Zamenhof)医生在1887年人为创造的一种语言，旨在便利各国人民的语言沟通。在英语自然地担当了这个角色之前，很多知识界人士都曾有通过世界语联系地球人

祖母在无量大人胡同宅院(1934)

祖母在书房里

的梦想。祖父也有这个心愿，所以他就在留学期间的1909年，创办了一份推广世界语的中世双语杂志《科学文学中国语世界语杂志》，当时参与创办的另外两人是秦玉麟和华荷裳。这个华荷裳，是祖母正式取名华罗琛之前的一个临时中文姓名，同样译自她的娘家姓Rosenthal。而来华之后，她也一直没有停止这方面的关注，我在1922年12月的一份《晨报》上，就看到一则在北京大学召开世界语联合大会的消息，上面列出的演讲人就有祖母。甚至到了八十多岁，当她回到阔别二十四年的北京时，竟还惦记着这份已成“明日黄花”的热忱，经常和我说起来。

祖母回到北京时，我十二岁，之前几乎不认识她。说“几乎”，是因为我在上小学前夕，曾和母亲及姐姐去了一趟巴黎，与生活在巴黎的亲人匆匆见过几面，之后就不再可能。祖母是在1937年初夏回到法国的，祖父两年后在巴黎与她相聚。而当祖父在战后返回

绿树成荫的院子

中国时，不知何故她没有一起登船。接下来又是各种社会动荡，他们于是天各一方，没再见过面，直到祖父1961年去世。然后祖母在1966年5月回到了我父亲身边，并于1970年1月在北京去世。

对祖父母百年前的故事，对他们在半个世纪中的跨国经历，家人讲述给我的，只是零星的片段，更多细节则隐藏在昔日的文字记载中，还待我慢慢发现。近几年我对祖父研究较多，遥望他极为忙碌的身影，所以很好奇他如何有时间翻译祖母的文学作品。祖父担任过交通部总工程师、京汉铁路和北宁铁路总工程师及北平特别市工务局长等，日夜操心。他还笔耕不断，出过很多部土木工程方面的著作。他怎样能挤出光阴，又是如何一再把笔锋从“材料耐力”“砖石结构”这些，突转到祖母小说里的儿女情长中呢？答案应该是爱情的力量，还有“志同道合”——因为祖父不止关注工程技术，他1906年写就《法国公民教育》，1912年在商务印书馆出版，向国人引进公民概念。祖母在作品中所表达的观念，本

GLACES
Vanille
Café
Chocolat
Framboise

张伯苓与我祖母华罗琛在巴黎(1929.7)

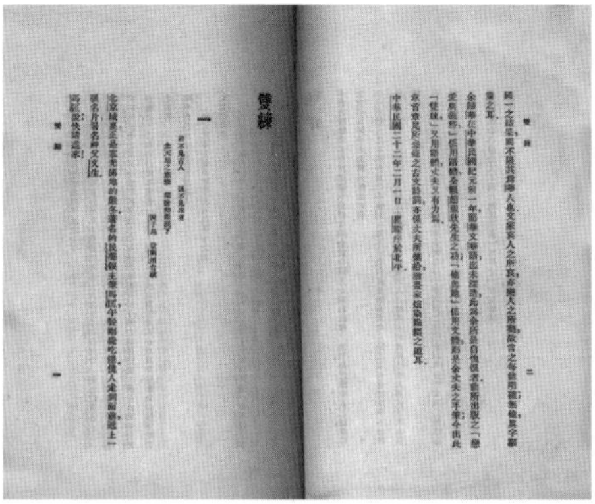

《双练》

祖母中年时

就是他所认同。另外再想到祖父自年轻时就热爱文学，能有机会抒发一下，也应是兴趣所致，其中最有意思的是《双练》的译文，他还给每个章节之首添加了屈原或白居易等人的诗作，如中国章回小说的开场诗一般。

祖父母生育了两个子女，我的父亲华揽洪(Leon HOA)和我的姑姑华西蒙(Simone HOA)。兄妹俩在少年时代被送到巴黎读书，后来都成为了建筑师。父亲先后在法国和中国执业，姑姑在比利时执业。

过去，站在无量大人胡同我家宅院里，看着每一扇窗户，我都能遥想到祖父母当年在屋里的动静，但十五年前(2005)房子被拆毁了，就再也见不到他们的身影了。唯独只有几张二三十年代老照片，凝固了昔日场景：祖母站立在房子前；祖母坐在书房里(正在写《恋爱与义务》还是《双练》？)。那张古老书桌还幸存，现在巴黎家人的客厅里；绿树成荫的院子——北平国际文艺座谈会的客人们曾围坐在这里饮茶；年轻时代的父亲和姑姑，乘火车穿越西伯利亚(祖母的小说里多次呈现这列火车的情形)回北京家里探望父母，站在宅子台阶上。

祖母的故事，她写的，和别人写她的，我还有很多没有看到，尤其是英法文的老资料，需要再去寻找。我也从没有去过她的波兰故乡Karisz，那是她长途旅行的起点。走到巴黎，她爱上了一个中国人，走到北京，她又爱上了中国……

父亲与姑姑回北京探望祖父母，站在家里的台阶上

赵良翰在沅陵

胡庆超

赵良翰(1910~1986)，江苏阜宁人，国画家，1935年毕业于南京中央大学教育学院艺术系，先后受教于国画大师张书旗、吕凤子先生，抗战时期，辗转于长沙、耒阳、沅陵、重庆、壁山等地任职或赋闲。后期在吕凤子主持的正则艺术专科学校等处任教，擅长花鸟画，在沅陵、丹阳、南京数度主办过画展，出版过《赵良翰画集》数本。1958年被划为右派，1963年摘帽。1979年及以后当选为南京市美协副主席、南京市政协委员、常委。

1935年夏，表姐郝宗谨与赵良翰共同毕业于中央大学艺术系。是年冬日，二人于南京结婚，后共同在上海崇明及长沙新河扶轮小学教书。1937年7月回阜宁省亲，时二人已有一子，且夫人所怀次子亦将分娩，而抗战吃紧，赵哥只得只身返回长沙学校，不料从此与夫人阻隔两地。抗战八年，夫人携二子与公婆住阜宁，而赵哥(赵良翰)与我们家辗转于湖南常德、耒阳、沅陵之间，并两次入川，真实地经历了一场人生《八年离乱》的沧桑历程，与妻儿一在沦陷区，一在大后方。直至抗战胜利后，赵哥才于1945年末回到江苏，全家得以团聚。

1941年10月7日至1943年8月，我们住湖南沅陵廖家庄，也是我们与赵哥同住，印象最深的一段日子，时我10~12岁，小学五、六年级，记忆已经形成。

沅陵为丘陵地区，城市位于酉水与沅江交汇处。廖家庄在酉水之西，由廖家庄向东要走约一小时，估计4公里才到酉水边。酉水在沅陵宽约50米，在酉水边过渡到城那边估计要15分钟，有撑篙的渡船往返，上到城那边的渡口有高高的石坡，爬上去才是县城。父亲此时已只身赴重庆，为什么不举家迁渝，估计一是怕重庆大轰炸，二也许是沅陵地处山地，日本人不容易到达，三是当时长沙的名校雅礼中学、福湘女中均迁在沅陵，结果是大姐、二姐入福湘女中，大哥入雅礼中学，这体现了父亲重视教育的深刻谋划。当时我们就住在省建设厅票照室的仓库，在廖家庄，十分宽敞。票照室为建设厅存放各种新票据本的地方，赵哥住靠东头门边的第一个房间，也就是作为他的卧室、画室、琴室，等等。

沅陵有金矿局，金矿局的宿舍就设在廖家庄，当时附近的河边，沙滩上就可以看到金沙颗粒闪闪发光，当然现在河里的沙金早已被采光了。

那几年赵哥是一大家人的支撑，是母亲的依靠。那两年赵哥并无工作，又地处农村，有大画家的内质，在当地也可以说是过着如闲云野鹤，隐居般的生活，如今从我留存的这张照片来看，在抗战时沅陵这样一个小地方，右上角的赵哥依然着西装领带，气度不凡，俨然一个大知识分子的模样。照片上赵哥写的行书也显示出他的艺术功底。照片中最年幼者为我。

我们到沅陵不久，就由赵哥领我与大哥去七七小学联系上学。我上五年级，大哥上六年级。七七小学以七七抗战命名。七七小学位于西水西，从廖家庄到七七小学单程要走近一小时，而且是乡间小路。第一次去七七小学时，赵哥就带我们到校长家攀谈。校长姓王，也是一位画家，他拿出一些装订精美的自己的画册翻页给我们看，赵哥在此算是遇到一个知音了。

赵哥在沅陵作画甚多，他主要的时间就用来作画，除花鸟画外，偶尔也有山水画。他的画中很多都有松树，松枝傲然挺立，枝椏折而弯，表现了其刚毅的个性，处事风格与众不同。我们经常到他房间看他作画，见磨墨，铺纸，站立观纸，沉思片刻，突然落笔，中间没有停顿，一笔一笔迅即画出，余墨用尽，洗笔很少，大水桶中墨汁不混，这些我都有印象。总之他入画前对总体画面已构思清楚，当然下笔的功夫还是要靠他的天才。父亲1955年5月17日致其爱人的信中说："良翰想日在忙中，时以为念，希望他仍能抽时间作画，他于此是有天才，应当培养发展……"可见，赵哥的绘画天才是一致公认的，接触他的人均有所识。

其实赵哥不仅绘画，在琴、棋、书、画、篆刻等，诸多方面，都有很高的天赋和造诣，在沅陵期间他给我、大哥、父亲等都刻过图章，多为象牙或其他较硬的石头图章，我的图章用了几十年，如今保存完好。他能先写出各种字体，如楷体、篆字、隶书之类于图

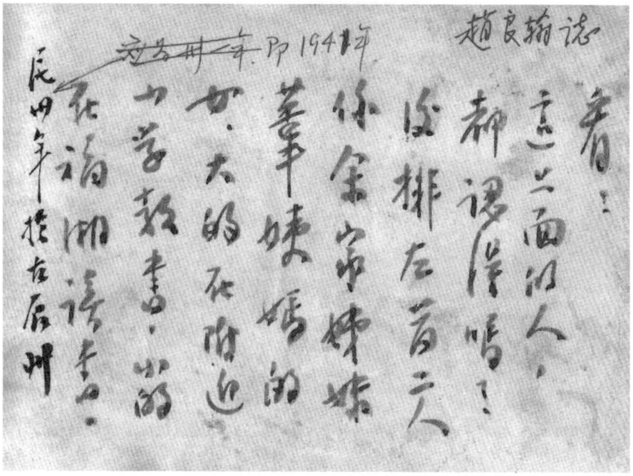

照片背面

章上，然后用一套小刀刻出。他没有夹具，而是用手拿着图章刻出，这需要手指有很大的握力和刻力。赵哥可谓手脑并用，各方面都有天才，过去在中央大学艺术系可能就开有篆刻的课程，也许他是训练有素的。

赵哥的二胡和京胡都拉得很不错。往往是他一人在书房独自拉二胡，我们经常听得耳熟能详，印象中他拉的《病中吟》《小桃红》《良宵》《光明行》等多为刘天华的纯琴乐谱，有时也拉些歌曲曲谱。特别是《秋水伊人》，其曲调令我至今熟习，其词为“望穿秋水，不见伊人的倩影，更残梦尽(羹残楼静？)，孤燕两三声，往日的温情，只剩(换？)得眼前的凄情，梦魂何处寄，空有泪满襟，几时归来呦，伊人呦，几时你会穿过那边的丛林……”当时我们还小，不懂事，也就不懂得拉琴者内心对远在

沅陵合影，左起：余焕英、胡庆若、余焕庆、丁时若、胡庆苞、胡庆超、胡庆清、赵良翰、胡庆昭(1941)

江苏阜宁妻儿的思念之情，只是我觉得这曲子弦律的确好听，故尔印象深刻。近日重读赵哥于沅陵手书的《亲友剪影》中的一段话，才更深刻地认识到他当时的凄苦心情：

宗瑾——自居吾乡，侍亲育子，综理家事，辛劳特多，更不时作书报我，慰勉有加，余深感奋，有时书中附来写实诗画，情景迫现，读书观画，犹如晤对，余以大局一日不平，则北归无计，两情脉脉，全凭尺素相通，每逢佳节月夜，辄拥书流览，有时兴至而歌，有时悲来而泣，然后余胸中愁苦一泄无存。

另外他拉的《光明行》，清澈明亮，节拍顿挫，好似我们进城的愉快心情，他拉的《空山鸟语》就像我们住屋后面林中鸟鸣的状态，可惜当时我们也没有跟他学着拉琴。

赵哥的京胡则声调清脆昂扬，当然京胡他只拉过门，如西皮倒板、二簧等，也太单调、乏味，因此他教我们唱京剧。大哥气质阳刚，就教他唱黑头，如窦尔登盗御马之类的戏，教我就是马连良的一类，如萧何月下追韩信、空城计、借东风、四郎探母、武家坡、甘露寺、捉放曹等。当时赵哥拉过门后，我们就开始唱，中间他并且配插京胡的琴音和过门，感觉身心愉悦，有滋有味。我也不知道赵哥是从哪里学来的这些京剧，但曲谱他是有的。

另外赵哥的笛子、箫吹得也很不错，箫是直吹，笛子是横吹，箫的音韵低沉，笛子则清脆尖昂。赵哥在廖家庄晚上的树林中，用箫吹奏的《良宵》《月夜》，当年的氛围令我难忘，记忆犹新。

抗战时，沅陵可以说是许多下江人入川的中转地，当时也有一批文化人，于入川前在此渡留，其中也不乏一流的名角在沅陵登台唱戏，也许是义演。记得一天晚上，赵哥与我们到城里戏院看了全本的《玉堂春》，含《三堂会审》和《苏三起解》等。当时我对剧情并无了解，但对人物的动作等等，至今记忆尤深。其实这些名角的戏，过去即使在大城市也是难得一见的。当晚我们打着火把从城里走回廖家庄，到家已过午夜了。为看这场戏，我们花了很大的力气，也足见赵哥对于京剧的爱好，兴致极高。后来我听说为这些名角拉二胡的琴师也都是一流的，其实我以为赵哥的二胡水平也不逊于他们。

上面所述都是艺术类的，表明赵哥兴趣广泛，同时他的文笔也堪称一流。赵哥于廖家庄写有《亲友剪影及乡情素描》，以十余篇杂文表达了他对我们家诸亲友深入细致的观察和描述，令人感到他的文句有如红楼梦般的味道，也许他年轻时受到过这些小说的熏陶。

《亲友剪影》记述了赵哥的行程：

> 卢沟桥事变那年，我就被　人潮　的洪流驱浅在长沙有二年半时间，随后飘流到四川，逗留一年多，去年又从四川回到湖南，今年又从湖南(指耒阳)流到湘西(指沅陵)，中间也不过四个年头。

在廖家庄我还学会了打乒乓球、下象棋、打桥牌、唱京剧等，还看了一些武侠小说，三国演义，等等，这些促进了我的逻辑思维和对问题的独立思考能力，凡此种种，都是受赵哥兴趣广泛的生活爱好熏陶的结果。正如他在《亲友剪影》中说的：

> 我是最爱好自然的一个人，尤其是学艺术的，对象就是自然，所以大自然中的每一角落，都是觉得可爱的。

赵哥在这两年虽然没有工作，然而他此前和此后搞的那些所谓科室行政工作其实并不适宜于他。反观在廖家庄这两年，在大自然的生活中，也许就是他真正热爱的最适宜的一段时光。在这里他可以仔细欣赏大自然的一切，悉心作画、拉琴，真是心旷神怡，抛弃尘世间的无尽烦恼，尽情享受大自然和自由。他可以说是一家的大人，别人对他也是极少干扰，任由他的个性充分发展。

当然赵哥可能也有意识地要在沅陵举办一次画展，因此他作画甚勤。现在有些人说起赵哥在沅陵举办画展，以支持抗战，我看这也许是现代人用现代眼光的应景之说。其实沅陵是个小地方，当时虽有福湘、雅礼由长沙搬此，以及一些文化人由沅陵小住，过湘西而入川，好像有点文化气息，但地瘠人贫，又有几个人买得起画，又有多少人能来看画展呢？我以为收益谈不上，可能家中还要拿出一笔钱来支付画展的开销，可能还要应付当地的"城管"部门的打点，稍一不周就叫你关门。实际的结果就是如此，哪里有义展、捐献的可能。

当时我所经历的两件事，一是陪赵哥进城，找到一裱画店，与老板谈判裱画要求、计价等，我看到其门面房有很大的大石板桌面，大概裱画店都要有此设施，才能够将宣纸的画摊开；一次是我陪赵哥去裱画店取画，再到画展会场，当时在一大厅已看到沿墙壁四周挂满了画，光线不好，画展还在筹备中。实际上画展开幕不久，可能由于对"城管"人员招呼不周，就被迫结束了。

1942年我小学六年级，一次因误食了路边一种叫"三月泡""五月泡"的如草莓似的野果，入夜竟口吐白沫，昏迷不醒。赵哥连夜请两农民用竹子扎一担架，赵哥打火把将我送进城。走到江边，又叫对岸的渡船撑过来，再过河到沅陵的医院。当我醒来时也不知身在何处，后来才听说当晚立即给我从肛门灌肠，泄尽毒物，清肠后人即好转。这次实在是赵哥花了很大的力气，走了很远的路，送我到医院，才捡回这条命。在农村，医疗条件实在太差。自此以后，我的肠胃一直处于艰难状态，迄今八十余岁，也就是一个肠胃病亚健康的人。

1943年8月，父亲由重庆来沅陵，接我们去重庆。赵哥先在行政院会计处工作，之后他应老师吕凤子先生的召唤去了四川璧山正则艺专，从此离开我们，日后只有我多次出差南京，才能再看到他了。

总之，赵良翰才华横溢，国画精湛，淡泊名利，为人低调，虽时运不济，抗战时与夫人八年离乱，解放后又蒙右派之冤，改革开放后已老病缠身，多处逆境，但他仍勤奋作画，硕果累累，培育弟子，不遗余力，他可以说是吕凤子画风的传承人。

我的大伯费穆

费 麟

我生在广州(父母于1934年在南京中央大学建筑系毕业后结婚。之后，应中央大学留法的建筑师刘既漂老师聘请，到广州他的建筑事务所工作)，长在上海(1938年三岁时随同父母到上海探亲，当时日本人已经攻入广东、广西，海路封锁，回不去了，只得定居上海)。

在我的心目中，大伯父费穆是位孝慈厚道、博学多才的智者。妈妈告诉我，大伯父学习刻苦、工作勤奋、处世周到，他编导的影剧，都有很深的哲理，不易被人理解。大伯父是大家庭中的长子长孙，负担重，责任大。

他的三个弟弟(即我的二伯父费彝民、四叔叔费鲁伊和我的爸爸费康)都接受了高等教育，但他自己却没有机会受到正规的学校教育。小时候，父母带着我们和大伯父、祖母等都住在祖母家，徐家汇附近的姚主教路(天平路)320弄树德坊(三弄)23号，现在该三弄已经属于保护建筑，与南面的一个住宅用地合并改造成“衡山坊”饮食街。

大伯对祖母很孝顺，每天早晚都要请安。祖母喜听京戏，他经常陪同祖母去法租界八仙桥的“黄金大戏院”和公共租界的“天蟾大舞台”听京戏，大姐姐费明仪(长孙女)和我(长孙)往往作陪。我喜欢看《三岔口》《武松打虎》等有红脸(关公)、黑脸(张飞)、花脸等出现的武打戏，特别欣赏盖叫天的武打戏。同时，也喜欢能够在戏院里吃到爆米花、山楂糕等小吃。

大伯的卧室也是书房，里面放满了书和稿件资料，有一面墙堆满了《二十四史》线装书。有时星期日早晨，他还在蒙头大睡，听大伯母说，昨晚通宵写剧本，到天亮写完后才上床休息。在我们幼小的心灵里，觉得大伯父真了不起。他有很大学问，还会法文、英文等外语，而且是自学成才的。我的太祖父费访壶是清末的名中医，大伯父受太祖父的影响，也有很高的医道。我生了病，总盼望他来给我把脉开药。每当他摸着我的小手，拍拍我的脑袋时，我就有一种安全感，感到病一定会很快好起来。

1941年底发生珍珠港事件后，日本人把停在外滩黄浦江上的一艘英美商船打沉。该船底朝上，大翻个，浮在江边，大伯父告诉了祖母。一个星期天，我正好去祖母家，她带了我在树德坊门口的2路有轨电车站上车，一路通过霞飞路到外滩十六铺，沿江看到了那个底朝天的大沉船。当时，日本兵还站在江边巡逻。

我上小学时，我们和祖母分住了，但每星期日我一定回到祖母、大伯父那里团聚。记得明仪大姐(大伯父的长女)还经常带着我们一群弟妹唱歌跳舞，甚至排练歌剧，玩得很起劲。但我最感兴趣的还是坐在宾朋满座的客厅一角，旁听来访的叔叔、孃孃谈论影剧界的新鲜事。

在树德坊大伯父的客厅中经常有“沙龙”，来了不少电影、话剧演员和大伯父电影剧团中的好朋友。我常常喜欢搬了一张小板凳坐在客厅门口旁听。对于梅兰芳说话时用的兰花手指记忆犹新，对于姜妙香说话时的小声小气印象深刻。有一次，话剧中的女主角严斐对我说，当她在台上演出时，看到坐在前排的我在做鬼脸，让她差一点走了神。当时引起“沙龙”里的叔叔孃孃们大笑。

在我们的脑海中，从小就记住了石挥、韦伟、刘琼、乔奇、严斐、张翼、黎灼灼、赵英才等电影戏剧艺术家和秦鹏章、黄贻钧等音乐指挥作曲家的名字。大伯父编导、由这些叔叔、孃孃们演出的《孔夫子》《小凤仙》《蔡松坡》《秋海棠》《浮生六记》《清宫怨》《红尘》《青春》等电影和话剧给我的印象实在太深了。其中的艺术形象给了我是非感，从好人坏人中去了解，该爱什么该恨什么。张翼饰演的子路、刘琼饰演的蔡松坡就成为我崇敬的英雄形象。而对《秋海棠》中穿军服的军阀坏蛋，《清宫怨》里的西太后，就恨之入骨。

就以《孔夫子》电影来说，我曾看过多遍，至今印象难忘。

我父亲是该片考古顾问，四叔是副导演。在拍片过程中，他们经常在家商讨有关电影的细节。我的父母都是学建筑的，他俩负责有关孔夫子时代的建筑、服饰、道具等的考证工作以及有关的美工设计，里面有许多镜头，至今我还记得。例如，有镜头拍阳货与少正卯正经过郊外。当时民不聊生，在荒无人烟的路旁大树上吊死了一个灾民。阳货在车上看

费穆与祖父
费访壶

费穆与家人，左起：二弟、三弟、母亲、祖母、四弟、父亲、费穆

见后，弯起弓箭把那吊在树上的死尸当作箭靶瞄准，射中后还得意忘形地哈哈大笑。这段戏，使我很震动，心想这个阳货，真坏！

接着又有另一个镜头，拍孔子率众弟子练习射箭的场面。在旁围观的群众中出现了阳货与少正卯。子路见状，勃然大怒，手持弓箭严正宣布："乱臣贼子不得入内！"只见那两个叛贼，抱头鼠窜。看到这时，我想，子路真是个英雄好汉。

在片子快近尾声时，描述子路受命于孔子，到卫国，受到叛军包围，寡不敌众，最后被敌军刺中，在城头上，子路仰天长叹，杀身成仁，整冠结缨而死。这镜头，在我儿童时代就记得很清楚，老替子路惋惜，怎么当时就没有人来帮忙打坏蛋，来解救英雄。

还有一组镜头，也值得回味，拍的是孔夫子杏坛讲学，为了说明中庸之道，用了三只特制的有中轴的大口小底的空水桶示教：桶内无水时则斜倾，有水时则正直，满水时则倾

费穆(左2)与
二弟费彝民、
母亲、三弟

在上海新雅饭店费康、张玉泉举行结婚典礼，二排右1费彝民，右2费穆，右3戴志昂(戴季陶侄子，曾任清华大学建筑系教授)。一排是小傧相，右2费明 仪(费穆大女儿)，右3黎铿(老上海电影公司童星)。二排左三张竞成(张锦秋院士父亲)。最后一排右1是费穆父亲，右2是费穆母亲。

覆。这简单的画面让小孩也看得懂：凡事要适度，太少了不行，过头了也不行。《孔夫子》影片的音乐配得很好，给人印象很深。该片有一首主题歌《孔圣颂赞》，庄重简洁，极易上口，至今我还记得。作曲者是秦鹏章先生(是中央民族乐团一级指挥)。

大伯父是电影、话剧界的名导演，在生活、工作中也是一位出色的“导演”。他把人生当作一个可供导演发挥聪明才智的大舞台。一次，在拍摄阮玲玉的一场电影镜头时，他带头冒着“倾盆大雨”说戏，用行动来激发演员的感情和才智。还有一次，在上海卡尔登戏院上演话剧《秋海棠》，日本人到后台来挑衅，要求立即停演。据称，剧中饰反面人物的军阀，穿着黄绿色军装，大有影射“皇军”之嫌。大伯父沉着冷静地应付，请日本人上台向观众解释勒令停演的理由。当时，日本人还不敢在租界里赤膊上阵，吓唬不成，碰了一个软钉子。

我曾听妈妈说过，抗战时期，大伯父的好朋友梅兰芳先生不愿为日本人演戏，采纳了大伯父的建议，留须明志，暂离舞台粉墨。大伯父经常在思考一些戏剧题材，一旦酝酿成熟，一夜之间就能写出剧本初稿。我家有一远房亲戚屠文夫(?)，个子矮，黑黑的脸，尖尖的鼻子上架着一副眼镜，瘦小的身材和黑黑的长像很像印度的甘地。他在剧团里做“场记”，又能够做许多苏州地方菜，经常到费穆家帮忙。有一次，大伯父曾对我说，他准备拍一个电影《甘地》，就想用这位叔叔做演员。我感到，大伯父思想很活跃，经常能够发现电影题材中的适合演员角色，根据演员的形象，联想到适合的电影题材。我很佩服他。

我妈妈爱看小说，一个偶然的机会她看到了沈复著、林语堂译的《浮生六记》，讲的是居住在苏州沧浪亭畔的沈三白和芸娘之间悲欢离合的故事，向大伯推荐，建议他改编成话剧。父亲费康去世后，大伯在悲痛之余看到《浮生六记》，被其中的故事深深感动。原书有六记，只剩四记。费穆最终选取了“闺房记乐”和“坎坷记愁”两记，改编成话剧剧本，以此纪念自己的三弟。1943年，为纪念费康逝世一周年，费穆仅用了一周时间排演了话剧《浮生六记》并在上海卡尔登大戏院上演，该剧取得了连演四个月经久不衰的上座纪录。

小时候我常常跟着大人去看大伯父编导的话剧，有时也去看彩排，似懂非懂，也很高兴。记得《红尘》话剧中有大场戏，台上有三个人，当演到其中一对恋人在拥抱时，那多余的第三者(记得是金山演的)就自觉走开了，特意跑到台口，面向观众，做了拉窗帘的动作，还配上了拉帘子的音响效果，给人一种新鲜而又平常的幽默感。这个没有语言的普通动作，引起台下共鸣，获得一片赞叹声，连我这个不懂事的小孩也感到“有趣”。上演话剧《青春》时，一个小演员临场迟到，大家都很着急。如果这小孩真是缺席，大伯父已经打算叫正在台下看戏的我顶替上场。事后，我好奇地问他，没演过戏怎能上台？他笑着回答，不害怕，照我说的去做就行了。我真惊讶他那种遇事不慌、急中生智的导演艺术本领。

大伯父对自己的作品，一直没有完全满意过。他不断地追求、探索，不断地思考、遐想。抗战胜利后，他正在筹拍《锦绣江山》和《小城之春》等片。有一个星期日，他独自驾了一辆“老爷车”离开上海闹市，去浙江萧山附近。过几天，妈妈收到他的一封信，告知他去浙江看外景了，顺便也去散散心。信中还提起，费家的老祖宗曾在萧山。打那时起，我才

费穆与母亲王淑芳、女儿费明仪在杭州

《孔夫子》拍摄现场

知道我们的"根"不仅在苏州，而且和萧山还有关系。

1948年底，二伯父费彝民全家去香港定居，准备筹办香港大公报，并担任大公报社社长。1949年5月费穆全家相继赴港，应电影界投资商吴性栽(大颜料商)热情邀请，一起去香港成立龙马电影公司(吴先生属龙，费穆属马)。

大伯父临行前三次上门找我母亲张玉泉(独立主持上海大地建筑师事务所)商量，一起去香港。他强调"宁可瓦全，不能玉碎"。我妈妈考虑到大伯父有7个小孩，二伯父有5个小孩，负担已经很重，不愿再增加他俩的负担。妈妈性格很强，不愿寄人篱下，愿意自己的担子自己挑。她婉转地告诉大伯父，谢谢他们的好意，不愿增加他俩的家庭负担。并且说，"我是建筑师，搞技术的，共产党来了，搞建设也需要建筑师搞设计工作。"大伯父很无奈，一直到5月初才离开上海赴香港。

1950年，他曾从香港返回北京、天津一次。事后他给我妈妈来了一封信，叙述在香港龙马公司工作的近况，表达了心中的苦闷之情，并称这次回来，大有"曾参杀人"之感。很可惜，这两封信在"文化大革命"中丢失。那时我看过这信，别的我都记不起，也不会理解大伯父的心情，但这句成语，我还记得很清楚。

费穆在1951年初已患上心脏病，住院治疗好转后出院回家静养，当时龙马公司正在拍

《江湖儿女》。

1月下旬的一天，费穆突然想到电影拍摄现场去看看，带了一大筐进口的美国花旗蜜橘到现场表示慰问。回来后也很高兴。就在一月三十日夜晚，大女儿费明仪到她爸爸的房间里，费穆慢慢对她说："当初我的父母(你的祖父母)，为了我入电影界，一直跟我吵，而且非常生气，可是我从来没有后悔，我爱我的工作，为了实现我的理想，埋头苦干而毫无怨言，有人批评说我拍的电影不容易接受，叫好不叫座。怎么才能算是真正的成功？物质上的成功，评价的标准未必正确，我不在乎，我绝不会为了人家的喝彩而拍电影……这一切都算不了什么，只是，有时候我会觉得很寂寞，问题是我的感受，究竟有多少人能了解？"然后他就要求拉上窗帘，准备入睡。哪知道，当晚他就心脏病突然发作，来不及请医生，他的心脏停止了跳动，离开了我们。

大伯父劳碌一生，在追求真善美中匆匆走完了短暂的生命历程。在中国电影和戏剧的舞台上留下了他的足迹……

1920，杜威博士的南通之行

朱 江

1919年4月30日，美国哲学家和教育家杜威(John Dewey)偕夫人及女儿从日本乘船抵达上海。杜威在日本游历讲学期间，胡适与蔡元培、陶行知等，以北京大学、南京高等师范学校、尚志学会、新学会、江苏省教育会等团体名义，邀请杜威来华。杜威在中国各地巡回讲学，一直到1921年7月。胡适在《杜威先生与中国》一文中认为："自从中国与西洋文化接触以来，没有一个外国学者在中国思想界的影响有杜威先生这样大的。"

1920年6月5日至8日，杜威受邀到南通讲演和参观。1895年，丁忧在家的晚清状元张謇，根据张之洞的嘱咐在通州(南通)创办了大生纱厂，1899年大生纱厂开车，并很快取得盈利。大生纱厂的连年获利，带动了通海地区(通州和海门)的经济发展。以大生纱厂为起点，张謇在通海地区以棉纺织业为核心业务，创办了一系列相配套的企业。

实业的成功给张謇提供了物质基础，使张謇"父教育母实业"的愿望得以实现。通过大生企业的注资、自己和亲友的捐赠，张謇首先于1902年创办了通州师范学校，这是中国师范教育的源流之一，也是第一所独立建制的师范学校。在此基础上，南通逐步建立起涵盖基础教育、职业教育、特殊教育、高等教育的教育体系。此外南通的慈善、城市建设、文化事业也取得显著的成就，一时南通有了模范城市的美誉。这大概也是杜威欣然前往南通的原因。

杜威是6月4日晚上在上海乘坐大达轮步公司的"大德"号轮船赴南通的。大达轮步公司成立于1905年，由张謇和李厚祐筹建，码头位于上海十六铺。对于杜威的这次旅行，南通方面做了精心安排，由张謇的独子张孝若具体筹划。时年22岁的张孝若被其父亲寄予厚望，张謇有意识地让他独当一面。张孝若当时担任刚成立的淮海实业银行的总经理，并筹备在上海开设分行。5月31日张孝若给大生驻沪事务所的沈燕谋写了一封信，信中要求沈燕谋将“大德”轮的大餐间完全包下，供杜威一行使用(包括杜威夫妇及两个女儿、两位翻译，共6人。据6月9日《民国日报》，随行两人为刘伯明和杨英夫，均为南京高师职员)并在大餐间案上铺上洁白的餐布，同时悬中美两国国旗，“务求清洁，使人一上大达船，即见南通真精神”。张孝若请沈燕谋把欢迎信亲自上船交到杜威手上，至于第二天早起的早餐，关照船上预备好。张孝若还告知沈燕谋，“大德”轮在抵达天生港之前，会在任港停留，南通方面有人上船接站。

第二天上午“大德”轮停靠天生港，南通各界代表及军乐队到码头迎接，张謇派张孝若坐汽车前往欢迎。杜威一家在南通期间住在美籍基督会传教士高诚身(Frank Garrett)家中。当时南通城内外国人不多，主要是基督会的几位成员，从事着教育和医疗工作。高诚身出生美国伊利诺伊州的坎普坡(Camp Point)，1896年赴中国传教。1909年中国基督教传教协会(The Evangelistic of China)成立时，担任执行秘书。他是金陵大学的创始人之一，担任该校董事会成员直到1932年退休。高诚身与夫人白美华(Verna Waugh Garrett)1916年到南通传教，1932年离开南通回国。高诚身多年在南通，与南通各界人士，特别是张謇家族关系密切。1919年高诚身根据张謇的倡议，在基督会支持下，建立了英化职业学校，侧重培养具备英语和化学方面职业技能的人才，更强化了高诚身与南通教育界的关系。

接下来的三天，每天上午杜威都发表一场演讲。6日上午的演讲会在更俗剧场举行，张謇在演讲之前致介绍辞，向聆听者表达了邀请杜威来南通的目的：“今日南通教育界公请美国教育大家、哲学博士杜威先生来此讲学。博士于世界思潮，极力浚发，又能明白中国之政治关系及教育情状，甚为难得。南通僻处偏隅，不可不使教员学生亲博士之风采，聆博士之言论，以定适当之趋向。”

杜威演讲的题目是“教育者之责任”，他开始就告诉听众，这个话题曾经在南京和上海探讨过，今天再次言及，是因为南通是中国师范教育最早之地，谈论起来更加觉得亲切和有意义。在杜威的心目中，师范教育犹如涓涓细流，最终汇聚江海，浩浩荡荡，灌溉千里。“南通者教育之源泉，吾尤望其成为世界教育之中心也。”

7日上午杜威继续在更俗剧场演讲，主题为“社会进化问题”。杜威认为社会进化的

learning to Chinese youths, and allow them as much freedom as they allow to their own students, and not to put them in a place especially set apart. If a Sino-French University is established for the benefit of French scholars, that is another matter.

The arrival at Peking of M. Painleve, Chief of the French Industrial Mission, on June 22, will further promote the friendly relationship between France and China. M. Painleve, as former Prime Minister of France, is wielding a tremendous influence with his countrymen at home, and whatever messages he will have for them about China upon his return to France will carry greater weight. For a time, the former French Prime Minister will act as adviser to the Ministry of Communications, and enlighten that Ministry upon the question of the improvement of the railway system in China. Those who accompanied M. Painleve in this trip are: M. Borrel, director of the Normal School of Paris, who during the war was General Secretary of War and President of the Council; M. Germain Martin, well known French legislator, professor of law in the University of Paris and former collaborator with Premier Alexander Ribot; M. Abel Bonnard, literary man, poet and distinguished novelist, representing the Ministry of Foreign Affairs. Educational institutions throughout China will be the particular object of their visit. Upon their return to France, these French educationalists and novelists will be able to interpret Chinese thoughts and ideals to their own people in an effective way such as has never been done before. Views of M. Painleve on China and the object of his mission have already been given in a press interview while passing through Japan. They are full of interest and sympathy toward the Chinese. Part of the interview is given here:

"The young Chinese republicans are turning with sympathy toward the older sister republics, France and America. We know the influence and the attraction which Anglo-Saxon America exercises upon the imaginations of the Chinese. All of the Great Powers, the governments of which have understood the importance of peaceful penetration into China, seek to create sympathy and strong support for their nations there.

"France must not fail, at this time, when China, seeking to modernize herself, is calling for intellectual guides and technical counsellors, to answer that call. Anything that fails to present French culture to China leaves the way open for German Kultur to stifle.

"The peace of the world has nothing to gain from an Americanized or an Anglicized China. Without in any way meaning to offend our friends or allies, we feel that to the French belongs the moral obligation to encourage and develop the intellectual, scientific and technical relations which exist already between China and France.

"My journey to China has no other aim. I am invited by the President of the Chinese Republic, Hsu Shih-chang, to be his guest and I go with the approval and bearing instructions from the Chinese world—which represents a third of all humanity, which has countless riches still unexplored and which possesses prodigious power for the advance of civilization—in order that they may become better known to the French intellectuals and men of action.

"Above all I shall make it my aim to guide the Chinese who are seeking a higher education toward France, where Chinese students are already going in increasing numbers every year. I count as much on gaining the friendship of the republicans of the south as that of the people of the north. I think I will be able to rally for China the effective sympathy of the whole of France."

Peking, June 26.

John Dewey in China

BY C. F. REMER

JOHN Dewey has been in China for more than a year; and this fact needs to be more widely and more fully appreciated than it is. Dewey is not known to most Americans either in China or in America. He "is not famous like W. J. Bryan or Charlie Chaplin" as a recent writer remarks. The results of his work do not appear before the world in the form of a Panama canal; he has brought about no changes in American government or in American laws; he has invented no mechanical devices; he has lead no armies; he has not made millions of dollars. He has done nothing more spectacular during most

Two Great Scholars of China and America

Dr. John Dewey, Columbia University, and Hon. Chang Chien, Nantungchow, China

of his life than teach school, lecture in college class-rooms and write a number of books and magazine articles. Nevertheless John Dewey is a great man. He has changed the attitude of mind toward education of more teachers than any other one thinker of modern America; he, with William James and some others, has done much toward making a philosophy out of modern experimental science and modern democracy; he has given that turn to the thinking of America which is growing to be characteristic of the country; and, during the years of the late war, he more than any other single man, except perhaps Woodrow Wilson, made it clear to America

1920年7月3日《密勒氏评论报》刊登《杜威在中国》，文章插图为杜威与张謇的合影，系大合影剪辑

1920年6月9日合影，从左至右分别是高诚身夫人白美华、杜威女儿(长女)、张謇夫人、杜威女儿、杜威夫人、张孝若、杜威、高诚身、张謇、张謩、何尚平、李敏孚

标准，就跟个人发展的标准一样，可以从卫生、经济、交际、品性等4个方面概况。8日上午，杜威在唐闸公园作题为“工艺与教育之关系”的演讲。杜威提出：“工艺与教育，其相互之作用，如人之有两足，能合而不能分，分则偏颇不行。”因此杜威建议：“小学教育必须普及，高等专门教育必须注意一国之基本实业。”杜威的三次演讲都由刘伯明翻译。演讲之余，杜威参观了南通有代表性的企业、学校、文化机构、慈善组织和风景名胜。

8日中午，高诚身在家中为杜威饯行。张謇也应邀出席，并在日记中记载。杜威夫妇和他们的两个女儿在南通期间，一直由高诚身夫妇陪同。多年以后白美华在美国回顾南通生涯时，还清楚地记得，“杜威夫人对于我们女性未被邀请参加商会为其丈夫准备的午宴颇为气愤。参加这样的宴会中的一些古板守旧的老先生，甚至从孩提时候开始就没有跟女人同桌吃过饭。可杜威夫人实在无法理解”。白美华还回忆杜威在南通的最后一天，牙齿疼得很厉害，非常痛苦。当天下午，杜威一行到天生港坐船赴上海。

杜威南通之行的影像，目前只有一张合影留存。拍摄的具体时间和地点不详，合影人物从左往右为：白美华、杜威女儿(大)、张謇夫人吴道愔、杜威女儿、杜威夫人、张孝若、杜威、高诚身、张謇、张詧、何尚平、李敏孚。吴道愔以持家为主，她的出现有点让人意外。在张謇家庭合影中，吴道愔经常出现，但在张謇接待客人，特别是外国客人合影时，这似乎是唯一的一次。合影中的张詧是张謇的三哥，也是张謇从事各项事业的重要合作者；李敏孚时任英化职业学校主任，之前担任金陵大学化学教员，为留美学者；何尚平当时协助张謇从事垦植事业，曾留学比利时。

这张合影不久刊登在6月16日《申报》的第7版上，标题为《张南通欢迎杜威氏摄影》。美国基督会的《世界召唤》杂志(*World Call*)1920年12月刊登了《高诚身的两封来信》(*Two Letters from Frank Garrett*),文中配有两张照片，其中一张就是这张合影。有意思的是，6月14日的《时报》第5版登载了题为《张謇与杜威》的照片，细细观察，其实是把这张大合影里的张謇和杜威两人的人像单独裁剪出来。这个“双人照”还出现在7月3日《密勒氏评论报》(*MILLARD'S REVIEW*)刊登的《杜威在中国》(*John Dewey in China*)文章之中。

1950，南下上海

段孝萱

1949年4月，东北电影制片厂从兴山搬回长春市，美工科卡通股也随全厂迁回长春市，并以卡通股为基础成立了美术片组，隶属艺术处编制。到长春以后，美术片组主要是培养队伍，我们每天进行业务学习、画画、写生、摹片、学习电影制作基础知识。

在长春迎来了新中国的建立，我们在东影大院的草地上开庆祝会。聆听着毛主席在开国大典上宣布“中国人民从此站立起来了”，给了我们极大的鼓舞。

不久我们就根据文化部的指示，美术片主要为儿童服务的制片方针，开始了新中国第一部为儿童服务的影片《谢谢小花猫》的筹备工作，摄制组的主创人员到长春郊区，去农村深入生活，收集创作素材，这是美术片工作者第一次实行深入生活制度。当时长春刚解放，非常不安全，经常有国民党残匪在活动打黑枪。因此我们摄制组下生活也带着武器，三八大盖枪，保卫自身的安全。

1950年2月3日，根据文化部电影局的决定，将东北电影制片厂美术片组搬迁到上海归属上海电影制片厂美术片组，由特伟、方明(持永只仁)专程提前赴上海进行筹备工作。途中在北京，特伟、方明见到了文化部领导和电影局长袁牧之，部局领导讲：“鉴于美术片的发展前景，在上海办厂较为合适。”

当时(厂里)是开会的，特伟回来传达。当时整个电影都要动，全国解放了，很多制片厂都要从老区到新解放的地区，美术片搬到上海办厂。所以传达以后，我们就进行准备了。原来东影这边的有20来人，有各种各样情况，有专业的，如方明等，带领我们这些学员，还有一些家属，原来在制片厂工作的人员的家属，分到我们美术片组，上颜色之类，

前排左起：游勇、靳夕(前为方明的女儿方波)、盛特伟、吴印咸、方明、金近、安平，中排左起：段孝萱、群叶、森川和代、何郁文、徐辉、关枫、王玉兰、余琳、谷梅、梁力克、李光，后排左起：温亚奎、矫野松、刘凤展、何玉门、尚世顺、王树忱。

这部分人不可能跟我们一起去上海，要留下来，像群叶、余琳、谷梅等。

因为我们要走了，厂里给我们开告别晚会，另外美术片组本身，一部分人走，一部分人留，也要开告别晚会。另外人员的安排，还有一部分原来在东北土生土长的，不想去上海，只能改行了。我们在那里搞美术片的专业的设备，我们一走，长影那里就没有用了，所以那些专业的用具、设备等，能够带到上海的，全部装箱，打箱子，全都是自己做的。还有我们原有的创作人员正在搞的《谢谢小花猫》，也要到上海继续搞，那里没有完成。

另外，我们是在东北土生土长的，要南下，马上要进关了，所以厂里给大家放假几天，回老家看看。我那时没回老家，我阿姨家在哈尔滨，就去那里和她们告别一下。

3月14日厂里开晚会，当时主要领导都到场。那时厂里经常有告别晚会，那时一批批人南下进关。东影是摇篮，解放战争年代搞电影的，有到北影、新影的，美术片到上影。我们算是准备工作最充分，因为我们是整个建制一起到上海，全部过来。

我们对上海情况不了解，像盛(特伟)先生，他原来在上海搞漫画，比较熟悉，他介绍上海的情况。另外从业务上看，上海的文化环境更适合美术片的发展。上海是中国动画片的发源地。所以大家很新奇、很兴奋，要到上海，因为整个国家的电影事业要发展。

在北京待了三天，到北京，电影局有人来接。在北京也是很紧张，因为(东影)先到的同学，搞新闻摄影的，早就进关了，碰上这些老同学，领我们去参观，到电影局，到六国饭店(他们搞新闻摄影，那里有外宾的一些活动)。去他们那里玩，印象深刻的是那里用抽水马桶。当时东北虽然也有自来水，但厕所都是蹲坑，没有坐式的。

另外，袁牧之，老领导，我记得当时电影局在阜成门(石老娘胡同)的四合院里，在那里接待我们。

另外，特伟、方明他们打前站，我们团队18人，靳夕带队，美术片组的副组长，他原来是晋察冀《战友画报》社的主编，后来全国解放，我们这里需要创作人员，他就调到东影这里了。他和他爱人，他爱人叫智世明，是演员，战友文工团的。我们其他人过来都是单身，只有靳夕和他的爱人一起过来。

特伟的爱人，全家，连同丈母娘，一起搬过来。方明的母亲，原来在东影是保育院的，也一起过来了。过来住处都安排好了，包括带家属的(我们住一起)。

18人是指一线创作人员，还有家属等。

美术片组全组进行了搬家准备，器材打箱，告别家乡。1950年3月14日晚，东北电影制片厂举行晚会欢送美术片组同志搬迁上海。

3月17日，美术片组一行21人起程进关赴上海。途经北京，我们在京参观了天安门和坐落在北京胡同里的中央电影局，拜会了从东影先行进关的老同志、老同学，记得有李振羽，他和王玉兰很好，我们都是第三期培训班的。进入北京这座大城市对我们这群从东北来的土老二大开眼界，觉得一切都很新鲜、很振奋。

1950年3月24日，我们一行21人抵达上海，特伟和方明来车站接我们，上影也派了人来，大概是陈义，后来一直负责美术片组的行政事务。

3月27日，上海电影制片厂举行欢迎美术片组全体来沪大会，从此美术片组隶属于上海电影制片厂领导，组长特伟、副组长靳夕，工作地点设在福州路汉弥尔登大楼四楼一角，同时部分男同志宿舍也设在此。女同志宿舍(一间)和家属宿舍(一间)设在华山路原台尔蒙舞厅(现在上海戏剧学院所在地)，有一个做饭(晚饭)的。我们每天乘有轨电车去福州路汉弥尔登大楼上班。当时实行供给制，遇上下雨天，我们穿着在东北发的黑棉袄当雨衣，在路上引起了上海人的注视和议论。

中午我们就去当时的中央商场吃阳春面，这对我们从东北来的小青年已经是非常美味的午餐。

当年4月，中央宣传部长陆定一和上海市长陈毅到汉弥尔登大楼上影美术片组看望全体成员，鼓励美术电影工作者为儿童生产更多更好的美术片。我们在这里继续开始制作动画片《谢谢小花猫》。5月，美术片组由汉弥尔登大楼迁至天通庵路上海电影制片厂第一摄影场(原中央电影企业公司)，从此这里成为美术片到上海后的第一个制片基地，动画片设在该厂主楼的二楼，并在底楼设有摄影室，安装了美术片第一台摄影台，用它拍摄了第一部动画片《谢谢小花猫》，同年底完成了第一部为儿童服务影片《谢谢小花猫》。

5月上影厂(干字)8号布告，任命段孝萱为美术片组副组长，美术片组迁入上影一场后，一切工作才步入正轨，我们才真正融入上影厂，和上影厂的同志打成一片，参与厂里的一切活动。1950年还是上海解放初期，美影青年都积极参加上影厂的护厂活动，夜间拿着卡宾枪站岗放哨，保卫工厂。在抗美援朝时，美影青年积极报名要求去朝鲜前线参战，并亲手制作大量的慰问品支援志愿军战士的抗美援朝斗争。总之，在各项运动中，美影同志都冲在前面，是上影厂的一支朝气蓬勃的生力军。这一切都深得到上影厂的好评。

曾宝荪和艺芳女中

陈探月

艺芳女中始建于1918年，老校区位于今长沙开福区局关祠，校园系原曾国藩祠浩园的一部分。其创始人为曾国藩后裔曾宝荪、曾约农姐弟。“艺芳”源于祖母郭筠(1847～1916)的书斋“艺芳馆”。

曾宝荪(1893～1978)，号浩如，1893年在北京出生。她是曾国藩曾孙女，大房长女，其父曾广钧(1866～1929)，其母陈氏是第三位夫人，原籍广东。曾广钧已有四房妻室，才有了她这个女儿，祖母郭筠(郭沛霖之女)非常高兴。祖父曾纪鸿(1848～1881)是曾国藩次子，精通算学。祖母文化修养很高，婚前已受了相当儒学教育，婚后，在曾国藩指导下，又研读《十三经注疏》和《御批通鉴》等。她34岁守寡，一心教育子女，最爱看杂志报章，谈政治时事，著有《艺芳馆诗稿》，不喜八股文章，不愿孙辈去考秀才，却请人来教她们外文。

宝荪4岁开始学千字文，7岁时来到湘乡老家，那里的藏书楼是兄弟姐妹玩耍消遣的地方，各种书籍她都要翻看，由此养成遍览群书的习惯，但最喜欢显微镜和望远镜。1902年宝荪从湖南去南京，二弟约农跟她一起在家塾读书，老师让他们看报，给文章加标点，写作文，那是她学习进步最大的时候。

11岁时宝荪从家塾走进都市学校，这在当时的乡绅大户家很少有。祖母郭筠听从儿子曾季融(曾广钟，1875～1923，宝荪称七叔)建议，让孙辈走出家门接受新教育。曾广钟倡导新学，1904年带宝荪和他女儿(宝荪称大姐)到上海上学。抵沪时已是十月底，其他学校都已开学，不收新生，只有教会学校晏摩氏女学(Eliza Yates Memorial School for Girls)愿接收。宝荪初到上海，又入教会学校，头几天“真如在云雾里”。转年，她和大姐及四妹曾宝菡(曾季融次女)转入国人创办的务本女校。宝荪更喜欢务本学校，但由于近视，长辈又不让带眼镜，因而看不清黑板，学习成绩一般。1907年她考入杭州省立女子师范，在杭女师一年半，中文、算学、理化都有较大进步。

初进杭女师时，宝荪数学跟不上，同学已学代数、几何，她从没学过。数学老师陈伯原先生让算学最好的同学帮她，第二年她成了算学班的优生。陈先生看她“天资甚高”，各门学科又很平衡，毕业后当小学老师太可惜了。他建议葆荪去新建的教会学校冯氏女中(Mary Vaughan High School for Girls)，他已受聘担任该校数学和理化老师。在七叔帮助下曾宝荪征得父亲与祖母同意，1909年初同表姐萧孝徽和四妹曾宝菡考入冯氏女中。

冯氏女中由英国圣公会教士冯玛丽(Mary Vaughan) 捐款建立，冯女士出自英国贵族家庭，1887年来杭传教。她深感中国之积弱是因女教不昌，立志要开一女校，特别招收非基督徒子女。校舍盖好时，她忽患重病，没等学校开学，于1908年1月去世。好友巴路义((Louise Barnes，1853～1927，宝荪称巴师)出任校长，她1891年就来华传教。学校开始时有20名学生，1910年有25人，除11名来自教徒家庭，其余都是官宦之女，其中包括曾家三位小姐。也许是为了迎合传统家庭的家长，当时该校宗旨之一是培养尊敬和服从家长的学生。神学教育家赵紫宸1935年在《真理与生命》第7期介绍，此时国内革命思想风起云涌，爱国青年感到清廷是民族前途的大障碍。宝荪也深受《民报》等革命书报影响。祖母把她的《黄帝魂》烧了，生怕她变成革命党。但老人识鉴开朗，常说，“只要男女平权，君民共和，如日本，英国，就好，何必要革命呢?”宝荪反复阅读梁任公的《中国积弱溯源论》，苦思怎样才能挽救积弱的国家。

宝荪信奉基督教，经历了一个渐进过程。1909年初入冯氏时，她反对校内基督教经课及崇拜。她晚年回忆，最初虽佩服基督教的办事精神，却认为其传教方法与中国传统思想大有出入，因而不接受基督教。1910年春，同班周庆曾的英文练习本被人撕掉好多页，教师查问后无人承担责任。于是有人要求校长宣布，到午饭时若还没人承认，所有人都要受罚。校方果然罚每人从下午4点起抄书1小时，又要求学生在花园再走动一小时，然后进餐厅吃饭。颇具叛逆性格的曾宝荪站起来拒绝出去，六七个同学起而仿效。曾宝荪因此被视为不良学生。她自认是反叛领袖，还出了一张小报，名曰“竹头木屑”，专讲学校不平之

曾宝荪(后右一)和生物学校的同学(1914)*

事，对国事也颇带革命思想。有人主张开除曾宝荪。在陈先生同校方和宝荪七叔协商后，离校的曾宝荪和受其影响的其他同学一并返校，校长巴路义将曾宝荪独自留在房内，泪流满面对她说："我晓得你并不反对学校，只是魔鬼在你心中害你。"然后要求曾与她一同跪下祷告。曾宝荪见其词句恳切，并无怨言，十分感动，于是诚心答应一切改良，也不再出小报了。此事使曾宝荪体会到基督徒的爱心和诚心。一年后巴师趁回国休假，带宝荪赴英留学。出国前，祖母郭筠再三吩咐巴师回来时，宝荪必须同行，不能留在英国。

冯氏女校临时英语代课教师司徒女士(Miss Stuart)也是触动宝荪心灵的人物之一。她年轻和蔼，父母原本在四川传道，义和团运动中，其父母兄弟在家中被暴民杀害。她虽侥幸逃命，但因伤致残，成了跛子。本来她因此痛恨中国人，但在英国一次大会上她受圣灵感动，尽弃前嫌，回中国传道。

曾宝荪1916年从伦敦大学西田学院毕业留影*

曾宝荪1916年从伦敦大学西田学院毕业时同巴师合影*

1911年初，曾宝荪在冯氏女校第3年，很想入教，但她怕家中禁止。“第一，我家是数千年的儒教家庭，由宗圣夫子起到文正公，我祖父，我父亲辈都是孔门弟子。第二，我祖母的父亲蕲水郭沛霖公是在扬州受太平军攻城殉节的，她老人家更是儒教的信徒，释道尚且不信，何况耶教。第三，我们的亲友没有一个信洋教的，出了一个女孩信耶稣教，简直贻笑乡里。”她写信征求祖母与父亲允许时她诉说了内心的苦闷，称基督徒的爱心与力行表明耶教与儒教并不冲突，而且基督教可以振兴中国的颓风，因此，她想做个基督徒，自救救人。其父回信并不反对她信耶教，列举了明末基督徒徐光启和利玛窦等“开学利民”的好处，但要求她先读严复翻译英国生物学家赫胥黎的《天演

贾惠宜女士(Winifred Galbraith，中排左1)和顾女士(Violet Grubb，中排左2)，同曾宝荪(右3)的部分家人合影(1920年代中期)。宝荪左边两位妇女，其中一位可能是她母亲陈氏*

论》、达尔文的《物种起源》，亚当斯密的《国富论》，以及几本浅近的佛教书。

不久山东丁立美牧师来杭传道，每日听者数百人，宝荪也去了多次，表示慕道之心。在遵父嘱读完一些进化论和佛教书籍后，1911年圣诞节她毅然在杭州圣公会受洗入教。

辛亥革命后，七叔曾广钟全家到上海暂避，他因国事家事感觉沉闷，开始同宝荪谈耶教。1911年底他同宝荪先后受洗，成为曾氏家族第一批基督徒。曾广钟曾任长沙中华基督教自立会会长。

1912曾宝荪赴英留学，加深了对基督教的理解和信仰，也使她萌发了回国办学的理想。

1913年中，圣公会要求巴师从英国回冯氏女中继续校长职责，但巴师了解宝荪的苦衷后，决定陪她在英国完成大学学业，拒绝回杭。宝荪告诉巴师她不愿违反对祖母的承诺，愿和巴师同行，实现理想。有人指责巴师是为一人而放弃上百人，但巴师坚信这是遵从上帝的旨意。

曾宝荪英文口语欠佳，所以先在高中学习。她所在的黑山高中(Blackheath High School)学制6～8年，善待不同学生。1913年宝荪开始在伦敦大学西田书院(Westfield College，University of London) 学习，她对西田尊重人格和信任学生的教育方法印象很深。该校考试没有监考，学生在宿舍答题，到点老师来收卷，学生很少作弊。这是由于学生自治能力较强，而且英国人更注重工作能力，分数不是决定成功与否的主要因素。

留学期间，巴师带她见了几位冯氏的兄弟姐妹，他们受过贵族学校教育，见解独特，平易近人。当冯氏哥哥得知圣公会因巴师不返杭，断了其生活来源后，他捐给巴师5千英镑，妹妹也捐3千镑任巴师使用，也可用作宝荪的教育费。当时正值一战，汇兑困难，此举为她们解了燃眉之急。后来她表叔聂云台(曾国藩之满女曾纪芬的儿子)和其他家人归还8千英镑给冯家兄妹。

曾宝荪本想学医，但发现时间太长，她又回国服务心切，才改学数学和生物学。在西田的第二年春天，她常与巴师谈及立志回国办学。巴师起初要她回杭州为冯氏女校工作，宝荪不十分愿意。她认为：① 巴师已离开圣公会；② 浙江人才多，容易有人办学；③ 她要在湖南服务桑梓；④ 最要紧的是，她要办一所纯粹中国人的学校。

在英留学中后期，她目睹了宗教信仰对一战中英国民众的影响。她、约农(1909年来英上学)和巴师还参加反暴力的贵格会大会。贵格会中的朋友受教育程度高，社会工作也出

1918年8月10日，艺芳女校在西园龙宅正式开学，右1曾约农，坐者左起：巴师、曾宝荪、萧孝徵。左1曾广铨(约农父亲)。图中8位学生有英算专修生张纯士，黄斌，陈嘉和柳演仁(后排左5，后成为画家)；大学预科龙沅，王传绮，曾宝蘅和张孝钧。两位前蹲的学生展示校训“忠恕”*

色，他们对贫民和犯人的服务令宝荪十分佩服。

1916年7月，曾宝荪获伦敦大学理学士学位，她可能是中国女子获理学士的第一人。当时一战正酣，曾宝荪毕业后难以回国，于是去牛津大学和剑桥大学听课，1917年她又到伦敦师范学院进修9个月。彼时，牛津、剑桥还不允许向女性授予学位，只能在那里听课进修。同时，巴师和西田校长瑟琳珂(Agnes de Sélincourt，1872～1917)帮助宝荪筹款办学。1917春，校长不幸逝世。宝荪又伤心又担心。代理校长李女士(Anne Richardson，1859～1942)了解其忧虑后，担当起了帮她筹款的任务。她请当地牧师为宝荪代收英国友人捐款。后来李女士还帮艺芳女校写宣传册，1920年代艺芳有三位英国教师顾女士(Dr. Violet Grubb，1898～1985，1925～1927年在艺芳任教)、曼女士(Miss Madge，擅长音乐)和贾惠艺芳女校浩园，右为听雨轩文，左为文正祠生员住宅(1923.1, New York Public Library Russel Mudd Papers)

艺芳女校浩园：右文正祠生员住宅(学生宿舍)，左为八角楼(New York Public Library Russel Mudd Papers)

宜女士(Winifred Galbraith，1922～1927年在艺芳任教)，也是她推荐的。贾女士是宝荪的校友和朋友，1917年毕业于西田学院英文专业。她在艺芳主要教高年级英文，离开艺芳后，曾在中华女青年会协会工作多年，后来还去非洲服务。回英国后根据她在中国和非洲的经历写了几部书。

1917年10月，宝荪同巴师和弟弟约农一起离开英国。

曾约农(1893～1986)出生在北京，出生后不久即随父母远赴英国伦敦，在那里生活了

六年之久。其父曾广铨(1871～1940)是曾国藩次子曾纪鸿之子，后过继给曾国藩长子曾纪泽(1839～1890)为嗣。曾纪泽曾出任英法公使和俄国钦差大臣，曾广铨跟着他在英国上学，后任驻英使馆参赞,德国公使和驻韩公使。1898年曾广铨任《时务报》总翻译,介绍西方国情。1904年秋，祖母郭筠听从儿子曾广钟的建议让约农和曾昭权(宝荪3弟，曾广钟之子)就读长沙私立新校明德中学。1909年再赴伦敦入中学，毕业后考入皇家矿物学院，1916年获工学士。1918年初，曾约农与曾宝荪二人回湖南老家富厚堂。那时曾约农尚未信教，因而在老家神堂叩头上香如常，曾宝荪则持守教规，侍立一旁。约农本来学矿物，宝荪父亲拥有矿产，但因战乱开采困难。加之曾宝荪和曾约农留英时就已“立志贡献自己为国家、为世界致用，约定互相努力，互相帮助，以求达到这目的”。曾约农应宝荪之邀一起办学，她俩回国后将其财力、精力及学到的知识和理念全部倾注到艺芳女学。

1918年夏，曾宝荪同巴师和表姐萧孝徽租了长沙西园龙宅，在堂弟曾约农帮助下，创办艺芳女中。曾宝荪任校长兼英语和生物教员，巴师任英文教员，曾约农任教务主任兼英、算及理化教师，萧孝徽一边学习英、算，一边任舍监及总务。加上几位国文、体育、音乐和手工教员，共9位教员，8位学生。宝荪，巴师、约农和萧女士不领薪水，外国教员费用由国外友人支持。

从1918年起曾约农一直鼎力协助曾宝荪办学，特别是在多次复校过程中，利用同湘绅的关系，起了关键作用。他后来任曾文正祠保管董事会董事长。抗战时期他利用在英所学矿业工程知识和一战经历，帮助建造了艺芳等地的防空洞。抗战胜利后，他参与创办湖南省立克强学院，并任院长。1955年曾约农在台湾担任东海大学首任校长。他终身未婚，1986年在台逝世。

辛亥革命后，曾祠曾被军队占用。1914年袁世凯命令将曾祠归还宝荪父亲曾广钧，祠内财产交盐商公推管理，但后来该祠被占为烈士祠。1919年，曾广钧在湘绅汪诒书等帮

坐西朝东一座教学大楼(西式楼房)，楼上楼下都是教室(1920年代中期拍摄*)

听雨轩(1928年被烧毁)(1920年代中期拍摄*)

助下，征得湖南督军兼省长张敬尧同意，将曾文正公祠归还曾家后裔，驻军搬出，将该祠花园(浩园)全部拨给曾宝荪创办艺芳女校。艺芳请工匠们修复了“断井颓垣，危楼废阁”后，浩园成为美丽的校园。

曾宝荪后来回忆：“长沙曾文正公祠是用清朝皇室赐祭银三千两，及门生亲友祭奠银四五千两，其余由盐商捐助建成崇祠。在长沙小吴门正街，度地广袤约百亩所建造。祠堂外面有一大坪，为轿马停歇之处。正门朝南有甬道，直达正殿。两边钟鼓亭，正殿上有文正公神位，神龛上有‘以劳定国’的匾。是翰林汪诒书所补写。文正祠正殿后面，有一花园名曰浩园。由正殿后门出来，便看见一带青山，山后有一个大池塘，大约广袤十余亩，成曲尺形。长边狭仄，抵思贤书局。短边宽大，尽头有一八角亭，久经摧残，匾额已不可考。曲尺转弯处有一玲珑石山并小石桥。石山上有一茅亭，题曰‘存朴亭’。由存朴亭下来，沿着石砖路，便到八角亭。八角亭南原来作为生员宿舍，迤东便到了‘听雨轩’。此处楼台高耸，为园中最高处，可以看见城中风景。再东为回廊及石山小径，直达思贤书局，路上也可经过一大石桥，至正殿后厅。沿途花木竹树，极为美观。由听雨轩往西，有教务室，教员寝室，及校长寝室等。再西便是原来文正祠生员住宅，后改学生寝室的大楼，楼上楼下均是寝室。此楼正对八角亭。由八角亭走过一花棚长廊，便到了坐西朝东一座大楼，楼上楼下都是教室。面对小山，楼外北有球场，东有跑道、操场，也就是正殿的后面。我们用正殿作礼堂，每早有礼拜，每礼拜日下午有唱诗班，其余开会等均在此。以上是艺芳全盛时代之景。”

“艺芳各建筑，均以池塘为中心，环绕东、北、西三方面。东边有厨房，饭厅，由走廊直达思贤书局——后来成为我们的小学部。北边有大门，内有门房及教员宿舍。进二门有校长室、教员室及教室到‘听雨轩’。听雨轩下层是舍监室，图书馆。巴先生书房。楼上二层为教员寝室，三层藏文书家具等；也可用来眺远，日朗天晴时，可以看岳麓山。南边有一小山，山后是祠堂正殿。”

崇尚教育，以教育改进自我和改良社会是曾家的传统。宝荪从小受儒学传统教育，也得益于开明长辈恩赐，使她得以在家庭和社会变更中勇敢探索。曾宝荪说父亲对她有三大赏赐：不定亲，不缠足，准许出洋留学。曾广钧尽力支持艺芳创办，他和宝荪的七叔和二叔曾履初(曾广镕)邀请湖南文教界闻人汪颂年、龙萸溪(绂瑞)、王莘田、曹籽谷、马惕吾和胡子靖等参加校董事会。

艺芳不同于传统中国学校和教会学校，校长是留英刚回来的小姐，资深的英国教会学校校长却是普通教师，学校经费主要来自本土，不隶属任何教会，但学校又是基督教学校。校训“忠恕”，但校风又提倡民主和自治，致力培养新时代妇女，但又不激进。校园幽美，却不断遭到暴力和战乱破坏。

艺芳注重师生共同参与学校管理。学校在西园龙宅时，正值“五四”运动，便组织了一个“艺芳学友会”。该会包括老师和学生，每人都是会员，不过干事会五人都是学生。学校大小事由学友会成员投票决议，老师、学生每人一票。学校所有账目公开，任何学生都可查账。假如学生要求学校改革，如更换教员、增减收费等重要事宜，需大会两次通过，且两次间隔时间需一学期以上。成立学友会时，制有组织法，即学友会“宪法”。艺芳的组织与各学校大致相同，有董事会，校长、教务主任、训导主任、总务主任及各专责教职员。所不同者，校中大小事由学友会定夺，不但校长、教员不能勉强，即使董事会也不能勉强。可以说大权操之于学生，因学生人数占学友绝大多数。

1927年，长沙各校学生不是开会，便是游街，不能上课，店家十有八九关门。三八妇女节前几日，就有学生联合会人来要各校全体出发游行，学生不肯答应。三月七日，学友会开全体大会，那天到了教职员15人及全体同学。当时众人言论激昂，都不赞成参加。有一位教员先生说：“我们不必自去，只要有几个工友去，打起艺芳旗子也就可以了，这样或可保全学校。”但学生任承华说：“我们从不参加，这一次也不例外。并且‘惟器与名，不可以假人’，我们是真心认为游行与妇女利益无关，又何必装假。充其量，他们不过封闭我们的学校，我们宁为玉碎，不为瓦全！”结果其提议全体学生通过，只有教员十几票反对。宝荪说，教员是失败了，但是艺芳学生自治独立的精神成功了。

学校培养学生的自律和自治，从不开除学生，不记过，不当堂训斥学生，有什么问题私下谈话解决。宝荪也像巴师那样同个别学生谈心。教师、学生都在一个食堂吃饭，交流方便。各科教员为功课不好的学生补习，甚至校长也亲自补教，绝不收补习费。校园里抽屉不锁，花果不乱摘，别人的东西决不擅用。艺芳停校期间，宝荪曾任湖南女师校长，也想这样做，无奈政府规定，三小过凑成一大过，三个大过则开除。她说规则条文繁多,学生很容易犯错，她在那里实在无法改良。艺芳的民主实验，特别是学友会，后来被回英国当了两所中学校长的顾女士效仿，宝荪说她听了顾女士的介绍后十分喜悦与惭愧,自幸“吾道不孤”。

除正课外,每周五下午，艺芳还请一位校外名人专题演讲，学生得益不少。另外每周六校长有一小时时事演讲,世界、本国、本省和社会大问题，如欧战、五四、五卅等事，学生可发问及讨论。

艺芳注重培养救人济世的基督教精神。五四时组织抵制日货十人团，直到抗战胜利才解散。艺芳学生积极反对日本侵略中国的政策，但对日本人民很表同情。1923年9月日本东京大地震，学生自动捐救济款五百多银元，托基督教宣教委员会霍德进博士(Dr.Hodgkin)带给日本。每年五月五日，浩园仍照旧例对外开放。园内栽花植树，还有两只小划船，学生练习摇桨。学校也利用浩园风景，开过“游园会”“纳凉会”、灯会等募捐拯灾，每次均由学生自动设计，把浩园池塘照杭州西湖点缀。学生销票一丝不苟，奔走车钱自掏腰包。所以每次捐款，都以艺芳为各校捐款第一名。有一次湖南旱灾，艺芳捐款仅次于省政府所发救济金，那时其学生不过百人。湘西水灾，每人推销若干张游园入场券，毫不自私，收款完全交与干事会。收票的人是小学生，进门时，连自己的父母姊妹兄弟也不放松，每人一票才能入园。宝荪感叹：“如中国每人都有这样公德心，则中国要富强安乐，有何难办？”

宝荪留英回来途经上海，在沪干实业的表叔聂云台建议她接办上海启秀女中，宝荪婉言拒绝，决意回相对闭塞的湖南老家办女校。宝荪在长沙办学有其有利条件，艺芳师生不少是曾家嫡系和亲戚，她可以得到更多帮助。然而，艺芳后来一次次遭暴力和战乱破坏，又证明在长沙办学要比在上海或杭州更艰辛。艺芳女校三次被迫停办，师生们也顽强地三次复校。

曾祠正殿西边为思贤讲舍，秀才们可以读书，也有山长讲学。后来由郭嵩焘与惠敏公商量，供王船山的神主于思贤讲舍。当时清廷不许王船山配享孔庙，因王船山种族革命思想甚深，所以其著作也被禁。船山遗书由文正公在江南传忠书局所印，也只有文正公因有挽救清室的功劳才敢印。因此惠敏公与郭嵩焘才想到把王船山配享曾文正。这个思贤讲舍就是船山祠，1913年时任湖南都督府民政司司长刘人熙建议利用思贤讲舍原址创办船山学社。

刚搬进浩园时，艺芳就遇到船山学社阻挠。船山学社在艺芳搬入时屡次阻工，与艺芳雇佣的泥木工人械斗。1920年经湘绅王莘田、史春霆、俞诰庆等及老革命党人周道映、姜咏洪(姜济寰)等先生协力调停艺芳同船山学社的纠纷，筑砖墙以为社、校分界之墙。但是由于历史原因的产权之争和现实的信仰分歧，双方多年来冲突不断。

1926年，北伐军进攻湖南，船山学社人员趁机将艺芳与船山中间的墙推倒，日夜出入浩园，不能禁止。并且有一笔名“短棍”者，每日在《湖南日报》上痛骂各校校长，报纸出有《打倒艺芳专号》。“我看见我本身是众矢之的——身负土豪，劣绅，地主、封建余孽，帝国主义走狗等等罪名，便想如果我本身辞职，或者可以保全学校，就在1926年寒假时，宣告学生，我要辞职保校。学生起初不肯，经过我再三说明后，便由学友会组织了一个‘校务维持会’，聘了国文老师李碧棠，数学老师言峙芳加入维持会，聘我及约农为顾问，以备商讨校事。我又告诉学生，明年情形一定更不好，同学中如有暂时愿意退学者，也可以回家静候。因为我校已失窃几次，与船山学生又械斗过一次，由警察解散，所以不得不慎重。”

1927年湖南农民协会同船山学生换址，农协进入船山祠。当年四月艺芳被封。宝荪回忆；“十六年四月八日(星期五)，我上午照常上课(我仍是一名教员)，下午因头痛目眩上楼休息。约农仍在办公室做事。忽然来了两个人，要会学校当局，既无公文，也未着制服，只说‘我们是农民协会的人，来接收你们的校址，你们的学校已经由政府封闭了’，约农当然不退让，便说‘你们把教厅公文给我看’，他们说‘人都来了，还看什么公文！我们限你们两小时出校。’果然就进来

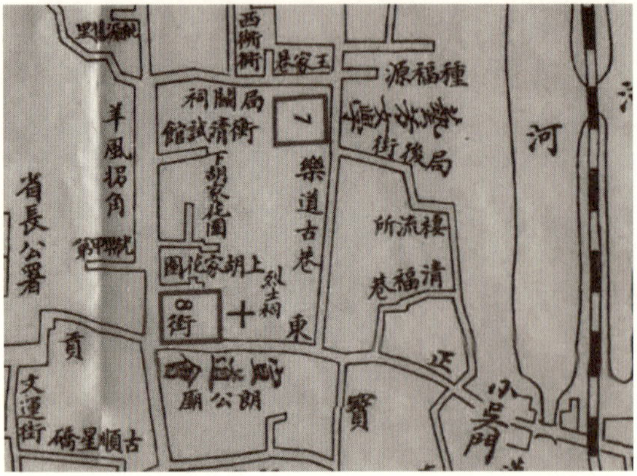

艺芳(7)在长沙20年代地图上的位置，地图来自网络

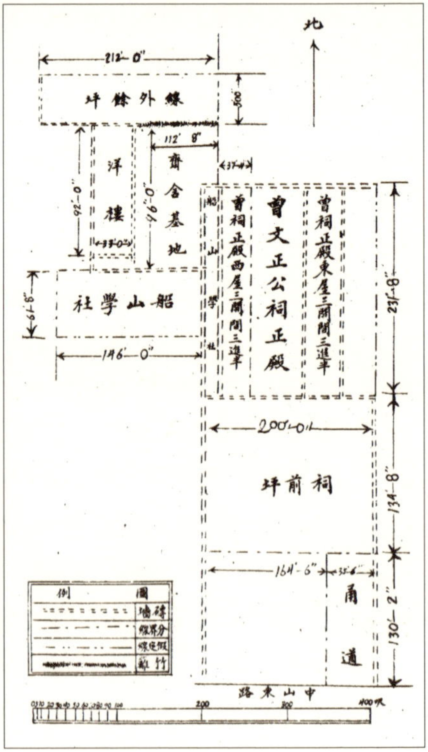

1932年船山学社同曾祠保管董事会和艺芳女校核准的船山学社社址图

四五十个人，每人手拿一支‘梭镖’(是一根五尺多长的竿子，顶上安上长约六七寸长的铁尖刀，可以用来刺人)蜂拥而入，一面四处跑，一面大喊学生出校，稍后便来了不少荷枪实弹的兵丁。此时学生便鸣钟开紧急大会，同时因怕我受伤，便由学生任承华与曾某某护送我步行出校。在此之前，艺芳的外籍教员巴师、顾女士和贾女士，都由她们的领事遣去上海，否则‘四八’日艺芳可能发生惨案。有人说‘去请愿政府，努力挽回’。这时梭镖队和枪兵站在会场门口，环立虎视。我知道学生的性情，便写了一个条子，叫人送去请约农报告学生：‘务必于天黑之前出校，不可傲强，致生惨案，作无谓的牺牲。’学生得了这个信，又见此时人越来越多，除梭标队、步枪队之外，还有来看热闹的人及街上老百姓，乱哄哄的不下一二千人。于是决议自动解散，把毛笔大书特书‘艺芳精神不死’在墙上，把玻璃器皿都打碎，连梭镖队的人也说‘你们有这种精神，一定要回来的，何必要捣毁东西！’此时军队准学生拿自己的东西出校，但学生都为学校抢文件器具等而不拿自己的东西。学生站成两队，由舍弟约农领队，三舍弟昭权殿后，整队走出校门，口唱校歌，并放万字鞭炮送行。”学校为工农政府所占用。

宝荪等转日离开长沙去汉口避难。不久在上海避难的巴师因见学校惨遭封闭，中国又动荡异常，心脏病突发，不幸去世。宝荪感叹道：“她一生为艺芳计，竟未见其恢复，可悲可恸！”

1927年5月“马日事变”后，学校为军队所占。1928年春驻扎军队不戒于火，听雨轩(图书馆)被烧毁。后来约农在董事会帮助下，请军队搬出。一些高年级学生左景馨、陈昭炳、谭蘩(Tan Fan)、曾昭懿、任承华等在此之前租了循道会房子，恢复了小学，后又恢复初中。1929年校园修复后，中小学生搬回浩园。这是艺芳第一次复校。由于艺芳几位有声望教师如刘宏度、李剑农、曾威谋等迫于时局，相继离去，加之资金短缺，艺芳停办了大学班，专心办中学。征得教育部同意，实行六年一贯制，初中不毕业，直接上高中。艺芳把左景馨、陈昭炳、徐少英3位大学部学生资送英国留学，另一位谭蘩送金陵女子大学学习(1932年毕业)。

1930年春，桂系李宗仁、白崇禧打进长沙，学校被打得稀破，抢得一空，学校号房李鲜梧老人嚎啕痛哭,跪求众人不要烧屋，才留下屋架子及围墙。学校再次关闭。艺芳刚复校一年又被摧毁，加之几年中失去了许多亲人和挚友，宝荪有些“心灰意冷”。

1928年双十节全校欢迎曾宝荪从耶路撒冷大会和欧游返校后在校门口合影*

1931年在上海开完太平洋会议后，她大口吐血。八弟曾昭桦在烟台海关当帮办，在母亲、约农和萧表姐陪伴下，她去烟台养病9个月。宝荪在烟台时，接到左景馨、陈昭炳、徐少英的电报，她们已学成归国，想立即开始复校工作。宝荪身不由己，不能回长沙，她们三位和约农回到长沙。不久，约农在董事会帮助下，请陶广的部队搬出校园。

1932年艺芳在几位校友努力下第2次复校。学校聘了左景馨为训育主任兼教地理，陈昭炳为历史教员兼管图书，徐少英为高中算学教员兼管园艺与卫生，谭蘗为化学教员兼管医药，约农自己为教务主任，萧女士为总务主任兼教初高中算学，彭泽芬女士教体育。

多年在艺芳工作的左景馨，1923年从福湘女中转到艺芳。她在《艺芳杂志》1933年6月一期回忆，当时中学50人，大学4人，专修英算者4人。她考入了第三年级，同班15人。她说学校生活非常有秩序。每日清晨5时，发奋者即睁其倦眼阅读于教室中，不敢出声。贪睡者也总是按时吃饭，上课。她说校外热心教育者常捐奖品，鼓励学业和自治修身优秀者。她在艺芳的前两年，学生花前觅句，月夜泛舟，岁月太平。1930年她离开艺芳，去英国伯明翰大学圣橡书院(Selly Oak College,University of Birmingham)学习，1932年毕业回艺芳帮助复校，教书，同时兼任女青年会全国协会委员。

1938年8月17日，日本飞机轰炸长沙，艺芳校园落下15枚炸弹，校舍面目全非。艺芳学生随教会学校福湘女中(Fu Siang Girls School) 一起迁沅陵继续上课。曾宝荪将学校资料运至故乡双峰荷叶塘，然后避难香港。

1946年春，曾宝荪返回长沙，筹集资金、人力、物力，重建艺芳校园。

宝荪多年在艺芳埋头苦干，身体力行，得到了教育界和宗教界赞誉。1928年她同余日章等20名中国代表一起参加了国际宣教协会在耶路撒冷举行的会议。

1935年，宝荪应中华基督教青年总会邀请，同福州的陈文渊牧师，沪江大学涂羽卿博士一起，到中国12个大城市演讲。宝荪主要讲教育与宗教。赵紫宸1935年在《真理与生命》第7期介绍，曾女士的演说既有犀利的词锋，复有温婉的诙谐，所以陈述皆娓娓动人。1936年4月12日《铁报》介绍，曾宝荪讲得一口漂亮国语，要是把“主”和“专”几个字也改过来(主湖南音居，专音娟)，谁也猜不出她是湘产的姑娘。

1949年曾宝荪去香港。1949年底，长沙市政府接管艺芳女中，后改名长沙市第十四中学，男女同校。

1951年曾宝荪受宋美龄邀请赴台。她一生未婚，性格开朗，喜欢喝酒，赋诗。1978年，85岁高龄的曾宝荪在台北去世。

曾祠，浩园，艺芳，早已从长沙地图上消失，但曾宝荪和艺芳女校的探索是中国教育史上值得怀念和珍惜的一页。

*图片藏伦敦大学玛丽王后学院贾惠宜档案(Queen Mary University of London, Winifred Galbraith Archive)。

隐现的圣光：石美玉、康成的传奇伟业

刘 燕

女儿Maggie就读密歇根州安娜堡先锋中学11年级，参加了由“Ray Detter本地历史奖”组委会发起的历史项目比赛，研究课题为“安娜堡与中国的发现之旅”。作为其课题指导老师，我陪着她到密歇根大学图书馆查找资料，挖掘一些不曾为大众所知的安娜堡与中国之间的交流史料。

两位女留学生

两位最早来密大留学的中国女性石美玉(Mary Stone，1873～1954)、康成(又名“康爱德”，Ida Kahn，1873～1928)引起了我们的好奇：为什么在“女子无才便是德”的清末——女性被缠足禁锢的时代，居然会有两位中国少女在1892年来到安娜堡，同时在密大学习医学？是谁把她们带到美国留学？1896年她们毕业回国后命运如何？故乡九江是否留下了她们当年的足迹？

原来，是美国女传教士昊格矩(Gertrude Howe，1846～1928)改变了她们的命运。这位来自密歇根州伊普斯兰提(Ypsinanti)卫理公会(Methodist)的传道人，出身普通家庭，父亲是木匠，属于贵格会(Quaker)教徒，支持废奴运动，参加帮助黑奴逃到加拿大获得自由；母亲则鼓励她接受教育。据说昊格矩曾在密歇根大学读过书(但我们在密大学生注册名单未发现其名字)。她加入了美国“妇女海外布道会”，本计划去印度传教，临行前几天突然得到呼召，转赴中国传教。1872年，26岁的昊格矩受“美以美会妇女执事会”派遣，与29岁的加拿大女传教士霍格(Lucy Hoag)一起，漂洋过海，来到了江西九江。

第二次鸦片战争后，根据《天津条约》，九江是对外开放的六个通商口岸之一，逐渐成为江西最大的传教中心，美国卫理公会传教点在此扎根，故昊格矩被派遣来此。为了方便在华事工，她在当地人帮助下，收养了两个中国女孩石美玉与康成(后来还陆续收养了几个孩子)，从此这三个女性的命运紧紧相连，同甘共苦，开创了一段轰轰烈烈的教育、传教与医疗并驾齐驱的伟业。

1873年5月1日，石美玉出生在湖北黄梅一个基督教家庭，从小随父母在九江长大。其父石宅嵎是江西卫理公会最早的华人牧师之一，母亲担任教会女校校长。他们崇尚自由宽松的教育，希望孩子受到良好教育。美玉年幼时，母亲并未给她缠足，这遭到了家族和邻里的巨大压力。为了让女儿得到更好的教育，以后成为医生，他们决定把7岁的美玉托付给好友昊格矩收养，接受那个年代中国女孩几乎无法想象的西式教育。

与美玉不同，康成命运多舛，1873年她出生在江西九江一个经济窘迫的家庭。此时家里已有五个女孩，她成了多余的老六，于是父母决定把她送给邻家当童养媳。邻居请来算命先生，预测这个女孩命犯天狗，婚姻不利，于是坚决辞退了这桩婚事。正当这家人无计可施时，一位传教士的中文老师推荐了昊格矩。这位单身女传教士伸出了援助之手，收养了当时仅两个月大的女婴，并为她取英文名字Ida Kahn(康爱德)。一个被父母嫌弃的襁褓中的可怜女婴就此时来运转。

巧的是，石美玉与康成这对姊妹花同年(1873)出生，1878~1880年又一起随养母赴日本、美国旅行和游学；1882年，她们一起在昊格矩创立的“女子半日小学”(1876年改为“桑林书院”，1907年改名“儒励女中”)接受新式教育，学习英、日、德、数学、物理等课程，打下了扎实基础。1892年，她们以优异成绩通过了密大医学院严格的入学考试。此后，昊格矩亲自在安娜堡陪读两年，帮助她们适应在美求学所面临的各种挑战。石美玉后来回忆：“在美国生活对我们来说是另一个世界，医学语言是另一门语言。”“实验室可怕的恐怖”让姐妹俩常常在夜间被惊醒。

这两位来自东方的少女不仅成绩名列前茅，出类拔萃，而且卓姿风韵，引人瞩目。一些记载表明她们是毕业班的第二、三名。毕业典礼上，石美玉身穿粉红旗袍，康成身穿蓝色旗袍，一同登台领取学位证书，令现场观者刮目相看，大家起立鼓掌。据此，1897年梁启超还

石美玉(Mary Stone)与康成(Ida Kahn)年轻时合影

专门撰写了一篇《记江西康女士》，发表在主张维新变法的《时务报》上，记述了发生在密大的这一幕："西例，校中学生卒业将出学，则群其校之教习，若他校教习，与其地之有司，若他国旅其地之客官等，而集于校，而授成学者以执据。"这里"执据"即毕业文凭。

梁启超详细描述了两位才女领取"执据"的傲人场景："昂然翛然，服中国之服，矩步拾级，冉冉趋而上"，"翘然异于众"。据记载，石、康两位女生身着旗袍，稳步登台，仪表优雅，落落大方。出席毕业典礼的除校内外教师，还有本地官员和国外来宾："睹此异禀，则皆肃然而起，违位而鞠躬焉以为礼"，来自十余国的学生数以千计，

“观者如堵墙，则皆拍手赞叹”。显然，石美玉与康成的骄人成就引发了密大著名的第三任校长James B.Angell(1829～1916)的感叹：“无谓支那人不足言，彼支那人之所能，殆非我所能也。若此女士者，与吾美之女作比例，愧无地矣。”(不要轻视中国人。在我看来，中国人的本领远超我们想象。与我们的美女才子相比，这两位女士毫不逊色。)

此时正值1882年美国通过《排华法案》后不久，石、康的杰出成就成为反击视华人为“黄祸”或“卑劣民族”之流行形象的最好例证。而在改良派梁启超眼中，两位才女成为“新型”中国女性的典范和引领者，女性废除缠足、获得良好教育、体质健康与独立自主将是建构新的民族国家形象、“新人民”的重要前提。

回国服务

1896年9月，两位才女学成回国，报效故土。在九江码头上岸时，阔别多年的石美玉与康成受到了热烈欢迎，鞭炮齐放，一直燃放到她们到达位于九江租界“外滩”的家中。据说她们回家三天后，就有四个病人慕名而来。石、康两人以精湛的技术，成功做了几起手术，一时声名鹊起，包括抢救一个难产的产妇，挽救了这个女人和双胞胎中的第二个孩子。到第二年末，石、康两人接诊治疗了5千多病人。有治愈好的病人亲自送来“牌匾”，把她们与古代的名女相媲美。最初四年，她们没有工资，以偿还教会支付的留学学费。

也许是中国病人更容易接受有西医背景的中国女医生而非传教士医生，石、康的行医深受欢迎。随着病人增多，她们人手不足。为了改进治疗条件，决定创办一所医院。石美玉亲自到芝加哥募捐求助，芝加哥名医但福德(Dr.I.N.Danforth)慷慨捐赠。1901年12月，九江的医院落成开业，以捐赠者夫人的名字命名为“但福德医院”(Elizabeth Skelton Danforth Hospital)，石美玉亲任院长，每月求诊病人多达三千，常常对大量贫困妇女减免治疗费用。

为了培养更多助手，她们又开设了一所“但福德护士学校”(E.S.Danforth Nursing School)。石美玉亲自翻译英语教材，传授助手(多为出身穷苦、走投无路的女孩)西方的医药护理知识，在行医同时开办每周四的《圣经》查经班。像养母昊格矩一样，石、康两人不仅拥有良好的教育与娴熟的技术，也心怀虔诚谦卑、服务大众的基督教信仰，影响了一批从男权压迫中走出来的中国女性，她们以自己的切实行动一点一滴改变着周边“小历史”的进程。例如，石美玉成功劝说生母放足。对成年女性这个过程非常痛苦，常常比保持缠足还难。

九江福德医院入口(David Ward提供)

九江福德医院门口病人(David Ward提供)

两位女大夫在中国医学界声名远扬。据传南昌巡抚派船到九江，请求派医生为夫人看病。康成立即出发，将患者带回九江悉心照料。巡抚夫人康复后，其家人感恩戴德，邀请康成到南昌开办一所类似医院，愿意在资金上全力支持。1903年，康成带着养母昊格矩一起来到南昌，开办一所医院(今南昌妇幼医院前身)，深受欢迎。诗人陈三立还专门写诗献给康成："亲受仙人海上方，探囊起死自堂堂。更烦煮尽西江水，滴入雏鬟爱国肠。"

受教育的中国女爱国者为中国妇女儿童开展医疗工作，越来越得到世人瞩目。甚至连湖广总督张之洞也派人去见昊格矩，邀请康成和石美玉到他创办的女校开办医学系。这么聪慧能干、医术精湛的女子才不令人怜爱？据说，养母昊格矩在康成12岁时，遇见一位曾游历海外的中国人，有意介绍他儿子与康成结婚，但康成"跺脚"，坚决拒绝婚事，立志当一名医生，"像女传教士那样，帮助中国妇女"。后来，梁启超的《记江西康女士》一文还

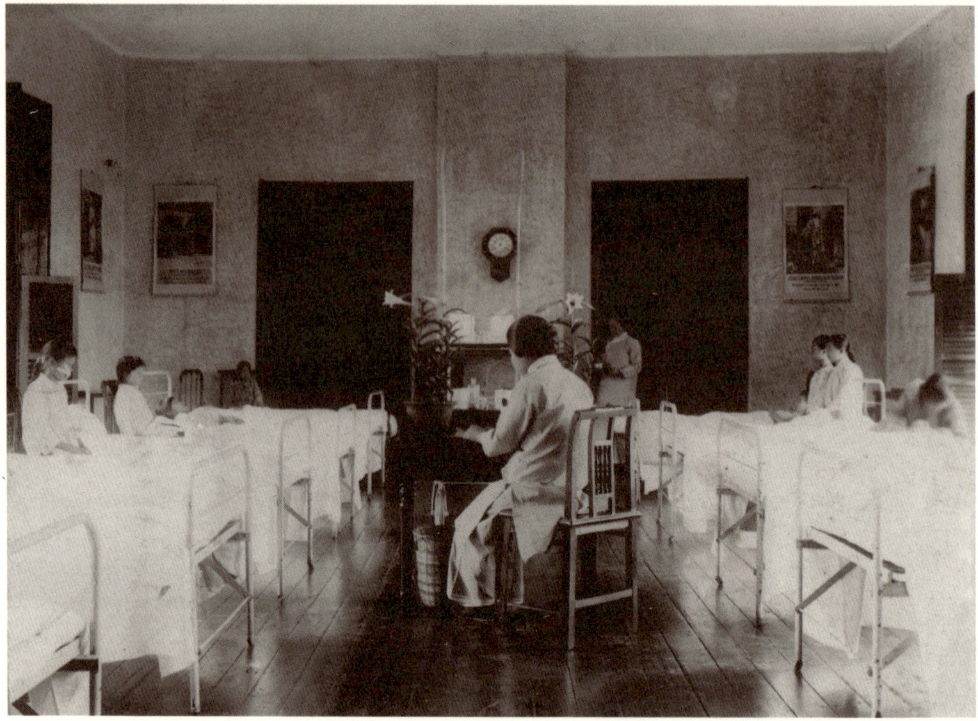

九江福德医院病房(David Ward提供)

引发了《老残游记》作者刘鹗的续弦之心。得知康女士“尚闺中待字”，刘鹗请罗振玉写信给梁启超和《时务报》创办人汪康年，希望他们“为作冰上人”。只可惜“女士无他志念，惟以中国之积弱，引为深耻，自发大心，为二万万人请命，思提挈而转圜之。”同样，有留学归来的绅士向石美玉表达爱慕之情，同样被拒之门外。一心要奉献中国医疗传教事业的康成和石美玉皆终身未婚。这个现象在当时并非孤例。如浙江宁波的金雅妹(孤儿，被一对传教士夫妇收为养女，1881年赴美，1885年毕业于纽约妇女儿童医院附属女子医学院)、福州的许金訇(1884年赴美，1892年毕业于费城亚洲女子医学院)是最早赴美留学的两位女性，她们都得到了美国传教士资助，回国后积极参与了中国现代医疗事业，终身未婚。

1899年康成代表中国出席世界妇女协会代表大会。1900年，因“义和团运动”，石美玉和康成随养母前往日本避难。1907年，34岁的康成再次负笈海外，在美国西北大学和芝加哥大学攻读文学硕士，参加柏林举办的世界青年基督教协会年会，还远赴英国伦敦的热带病学院深造半年。四年后她回到南昌继续从事医务工作。1916～1918年间，康成前往天津担任北洋女医院院长兼护士学校校长。两年后，康成回到南昌，她的医院发展很快，曾得到孙中山赏识。访问南昌期间，孙中山曾亲自参观医院并捐款。在北伐、国共战争期间，康成一视同仁地救死扶伤，包括各方军人。1931年12月6日，积劳成疾的康成不幸在上海去世，年仅58岁。在她去世前三年，昊格矩因染上疟疾于1928年9月29日在南昌去世。在昊格矩与康成的葬礼上，吊唁者成百上千。

晚年石美玉(David Ward提供)

传奇故事继续发展。石美玉染病静养期间，九江知府贴出告示：禁止任何车马经过她住寓的街道，以免影响她养病。石美玉受到九江人民爱戴，声望之高，可见一斑。1915年，石美玉筹组“中华医学会”，担任副会长。她获洛克菲勒基金会资助，到美国约翰·霍普金斯大学医学院研修一年。1915–1916年留美期间，石美玉四处演讲，介绍中国情况，鼓励留学生回国服务。美玉家中收养了四个孩子，两个是亲戚的孩子，其余两个是孤儿。美玉还有两个妹妹，也加入其医疗事业中，一个叫石安娜(Anna Stone)，赴美留学6年，1904年回国，负责医院布道工作，担任诺立神道女校(Knowles Bible School)校长，但不幸她染上肺结核，回国两年后就去世了。另一个妹妹石非比(Phebe Stone)在马萨诸塞州沃斯特学院就读，获得医学学位后回到九江，成为美玉得力助手。

1920年石美玉脱离美以美会妇女国外差遣会，与美国宣教士胡遵理(Jennie Hughes)志同道合，一起在上海建立了伯特利医院、伯特利教会和神学院，还开设了两间药房和一所护士学校。1928年山东爆发大灾荒，大量难民涌入上海。一天，石美玉接到电话，得知有300孤儿即将抵沪。她到车站接回100孤儿，克服种种困难，建立了伯特利孤儿院、附设小学和中学。这些孤儿长大后，多数进入大学深造，不少人留学归来，服务社会。

抗战爆发后，上海沦陷，石美玉一群人南迁，把伯特利教会的事工延伸到了香港，至今香港的伯特利教会和神学院、医院依然发挥着影响力。1952年“上海伯特利医院”收归

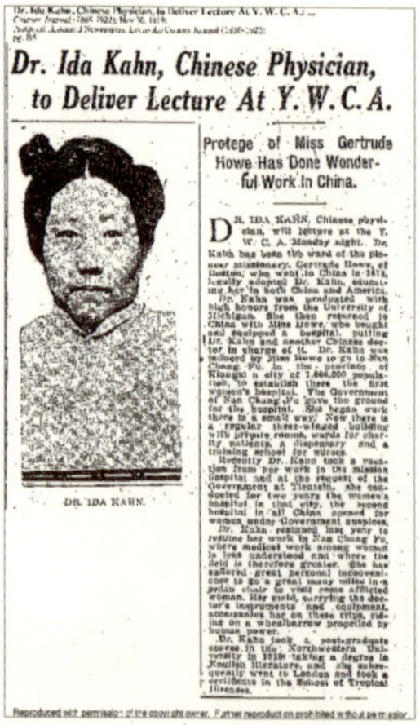

Dr. Ida Kahn, Chinese Physician, to Deliver Lecture At Y.W.C.A.

Protege of Miss Gertrude Howe Has Done Wonderful Work In China.

DR. IDA KAHN, Chinese physician, will lecture at the Y. W. C. A. Monday night. Dr. Kahn has been the ward of the pioneer missionary, Gertrude Howe, of Boston, who went to China in 1872, legally adopted Dr. Kahn, educating her in both China and America.

Dr. Kahn was graduated with high honors from the University of Michigan. She then returned to China with Miss Howe, who bought and equipped a hospital, putting Dr. Kahn and another Chinese doctor in charge of it. Dr. Kahn was induced by Miss Howe to go to Nan Chang Fu, in the province of Kiangsi, a city of 1,000,000 population, to establish there the first women's hospital. The Government of Nan Chang Fu gave the ground for the hospital. She began work there in a small way. Now there is a regular three-winged building with private rooms, wards for charity patients, a dispensary and a training school for nurses.

Recently Dr. Kahn took a vacation from her work in the mission hospital and at the request of the Government at Tientsin, she conducted for two years the women's hospital in that city, the second hospital in all China opened for women under Government auspices.

Dr. Kahn resigned last year to resume her work in Nan Chang Fu, where medical work among women is less understood and where the field is therefore greater. She has suffered great personal inconvenience to go a great many miles in a sedan chair to visit some afflicted woman. Her maid, carrying the doctor's instruments and equipment, accompanies her on these trips, riding on a wheelbarrow propelled by human power.

Dr. Kahn took a post-graduate course in the Northwestern University in 1918, taking a degree in English literature, and she subsequently went to London and took a certificate in the School of Tropical Diseases.

DR. IDA KAHN

康成1919年在美国讲座的报道

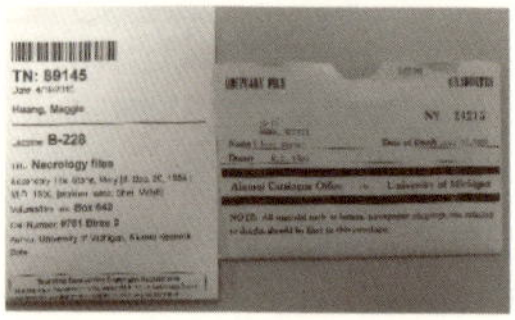

密大Bentley历史图书馆有关石美玉和康成的学籍卡档案(刘燕摄)

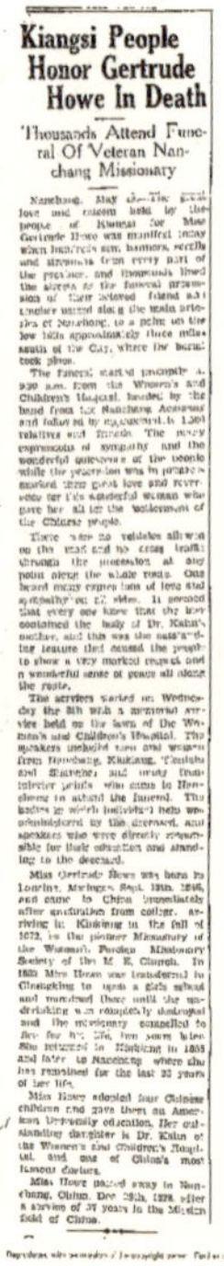

Kiangsi People Honor Gertrude Howe In Death

Thousands Attend Funeral Of Veteran Nanchang Missionary

昊格矩去世的新闻报道

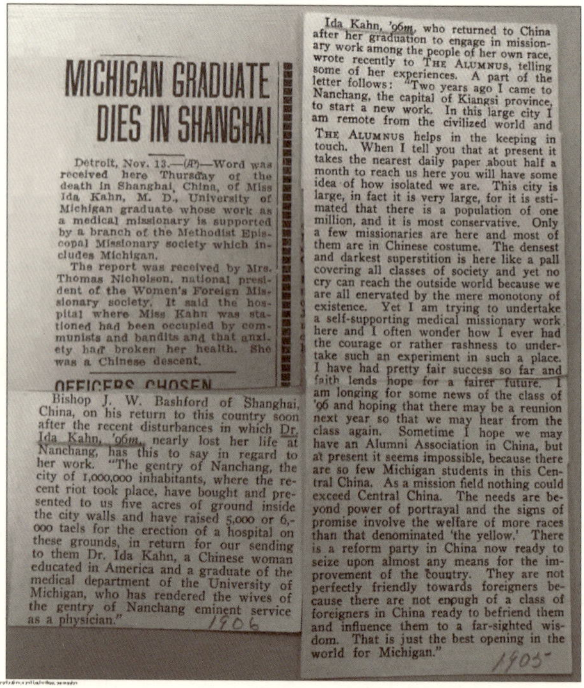

MICHIGAN GRADUATE DIES IN SHANGHAI

Detroit, Nov. 13.—(AP)—Word was received here Thursday of the death in Shanghai, China, of Miss Ida Kahn, M. D., University of Michigan graduate whose work as a medical missionary is supported by a branch of the Methodist Episcopal Missionary society which includes Michigan.

The report was received by Mrs. Thomas Nicholson, national president of the Women's Foreign Missionary society. It said the hospital where Miss Kahn was stationed had been occupied by communists and bandits and that anxiety had broken her health. She was a Chinese descent.

OFFICERS CHOSEN

Bishop J. W. Bashford of Shanghai, China, on his return to this country soon after the recent disturbances in which Dr. Ida Kahn, '96m, nearly lost her life at Nanchang, has this to say in regard to her work. "The gentry of Nanchang, the city of 1,000,000 inhabitants, where the recent riot took place, have bought and presented to us five acres of ground inside the city walls and have raised 5,000 or 6,000 taels for the erection of a hospital on these grounds, in return for our sending to them Dr. Ida Kahn, a Chinese woman educated in America and a graduate of the medical department of the University of Michigan, who has rendered the wives of the gentry of Nanchang eminent service as a physician."

1906

Ida Kahn, '96m, who returned to China after her graduation to engage in missionary work among the people of her own race, wrote recently to THE ALUMNUS, telling some of her experiences. A part of the letter follows: "Two years ago I came to Nanchang, the capital of Kiangsi province, to start a new work. In this large city I am remote from the civilized world and THE ALUMNUS helps in the keeping in touch. When I tell you that at present it takes the nearest daily paper about half a month to reach us here you will have some idea of how isolated we are. This city is large, in fact it is very large, for it is estimated that there is a population of one million, and it is most conservative. Only a few missionaries are here and most of them are in Chinese costume. The densest and darkest superstition is here like a pall covering all classes of society and yet no cry can reach the outside world because we are all enervated by the mere monotony of existence. Yet I am trying to undertake a self-supporting medical missionary work here and I often wonder how I ever had the courage or rather rashness to undertake such an experiment in such a place. I have had pretty fair success so far and faith lends hope for a fairer future. I am longing for some news of the class of '96 and hoping that there may be a reunion next year so that we may hear from the class again. Sometime I hope we may have an Alumni Association in China, but at present it seems impossible, because there are so few Michigan students in this Central China. As a mission field nothing could exceed Central China. The needs are beyond power of portrayal and the signs of promise involve the welfare of more races than that denominated 'the yellow.' There is a reform party in China now ready to seize upon almost any means for the improvement of the country. They are not perfectly friendly towards foreigners because there are not enough of a class of foreigners in China ready to befriend them and influence them to a far-sighted wisdom. That is just the best opening in the world for Michigan."

1905

密大Bentley历史图书馆有关石美玉和康成的历史档案(刘燕摄)

国有，现为“上海交通大学医学院附属第九人民医院”(有意思的是，上海交通大学与密歇根大学如今是友好大学，双方合作甚多)。

之后，石美玉与胡遵理一起离开中国，移居美国加州，继续开拓医疗事业。1951年，胡遵理去世后，石美玉怀念道：我们“互称双子星座……‘天上孪生姐妹’，她是西方的双子星，我是东方的那一颗。”她们俩性格互补，正如朋友们称道的：“遵理激励美玉强硬，美玉则让遵理委婉，一对好搭档。”这两位携手走过半个多世纪的友人成为中西合璧、跨文化姐妹情谊的典范。

1954年12月30日，石美玉安息在南加州巴沙得纳(Pasadena)，享年81岁。至今，可以在此地寻访到其墓地。

前人栽树，后人乘凉

在《康成与石美玉在中国的行医生涯：论性别、种族与民族的跨文化边界》一书中，美国历史学教授施康妮(Connie A. Shemo)认为：“相比她们医疗事业的延续，康成和石美玉更重要的遗产还在于对许多年轻中国女性而言西医职业生涯成为可能。她们年少成名，使全国各地的女性和其家人都知晓她们的典范事例。”石、康两位女性成为中国近代女性冲破封建枷锁、追求独立和自主的楷模，在她们召唤下，越来越多女性开始踏入医疗与护理行业，慕名来求学者络绎不绝，还有一些女生来自越南、缅甸、新加坡和檀香山。至1937年，共有600名学生毕业获得了中华护士会证书。

被誉为“中国护士之母”的伍哲英(Lilian Wu,1884～1960)是一个孤儿，家境贫寒，她在1910—1911年在“但福德护士学校”半工半读。在石美玉帮助下，她获得中华医学基金会奖学金，赴美国霍普金斯护理学院接受全日制护理培训。回国后，她成为石美玉的得力助手。更令人惊奇的是，石、康的传奇伟业还激发了密大对东方女性接受高等教育的思考，一项资助亚洲女性留学密大的计划酝酿而成。

在校董事长Levi.L.Barbour倡导下，1914年密大正式设立“Barbour奖学金”(Barbour Scholarship)。中国、日本、印度、菲律宾、越南、土耳其等国许多女性通过申请该奖学金，来密大读书。

在一本厚厚的档案名单上，我和Maggie一起查到不少中国女留学生的名字和照片，她们通过Barbour奖学金留学密大，成为各行业俊杰。例如：第一位获该奖学金来密大就读的女生王世静(1897～1983)，1923年在密大获硕士学位，1929～1951年担任福建华南女子学院校长。1928～1951年担任金陵女子大学校长的吴贻芳(1893～1985)是中国第一位大学女校长，1928年她获得密大生物学博士，是在《联合国宪章》上签字的首位中国女性，后被授予密大“智慧女神”奖。在医学领域，丁懋英(1892～1969)1922年获密大医学博士学位，回国后担任天津女医院院长，被誉为“中国现代妇产科之母”。已婚的王承书(1912～1994)破格获得该奖学金(当时未婚女性才有资格申请)，1944年密大博士毕业后又从事了两年博士后，她与导师、国际物理学权威乌伦贝克(G. E. Uhlenbeck)合作发表系列论文，1951年提出的“王承书—乌伦贝克方程”被沿用至今。1956年她回国后不久参与研制中国第一颗原子弹，被誉为“中国的居里夫人”。此外，台湾著名戏剧家李曼瑰(1907～1975)也

密大Bentley历史图书馆藏Bourbor奖学金获得者合影

是该奖学金获得者。

石美玉与康成的传奇伟业泽及后世。1949年后，历经半个多世纪的“但福德医院”更名“九江妇幼医院”，下设护士学校更名“九江护士学校”(今“九江学院护理学院”)。正是在探寻这段罕为人知的历史过程中，我惊讶地发现，母亲当年就读的“九江卫生学校”(50年代校名)居然源自“但福德护士学校”。母亲1953年初中毕业，年仅15岁，考入“九江卫生学校”，就读两年，1955年毕业，获得护理学中专学历，这在当时，也算“高学历”了。

我突然感到了一种神秘的命运关联。在安娜堡，我特地电话询问八旬老母：“你当时为什么去九江卫校读书呢？”母亲告诉我：“那时家里穷得要命，根本供不起我继续读高中，我听别人说九江的这个学校免学费，除了交通、吃饭的钱，几乎不用自己花销太多。”我又追问道：“你当年上课的教室，是不是在一栋西洋风格的老建筑里？”母亲说：“我记不太清楚了，好像上课的房子有点破旧，里面有一个花园。”我继续问道：“你读书期间最大的印象是什么？”母亲的回答很有意思：“蛮好的。我学会了注射、打针和护理。我还记得九江的鱼很便宜，好吃，味道鲜美。”

1950年代，一个人很会打针，也是一门了不起的技艺。母亲在九江卫校毕业时只有17岁，分配在景德镇人民医院当名护士。当时有些苏联专家在景德镇工作，他们去医院看病打针时，每次都喜欢点她的名，大概因为她既年轻漂亮又温柔，打针技术高超。病人在与护士聊天中，一点也不感觉疼痛。

出生贫寒的母亲有机会接受专业培训，成为一名深受病人爱戴的优秀护士，这无疑得益于昊格矩、石美玉、康成的“前人栽树，后人乘凉”。这三位传奇女子留下的宝贵遗产惠及我的家族。因父亲的缘故，母亲后来从景德镇调回出生地江西高安，长期担任医院的护士长，同时也成为一名助产士。像当年的石美玉、康成一样播撒教育种子，母亲悉心培养了许多护士，其中一位护士成了我的二嫂。在母亲影响下，我姐姐也报考了江西医学院，如今是广东顺德人民医院一名内科主治医生。

百年之后，我和女儿有缘来到安娜堡，亲历当年石美玉、康成的留学之地，在密大档案馆、图书馆触摸她们留下的档案资料，了解其传奇故事。我们迫切期待有朝一日回江西探亲时，专程去九江探访当年石美玉与康成创建的医院和学校。

冥冥之中，我有一种难以言说的感喟。如果昊格矩当年没下决心来九江传教，如果她没收养石美玉与康成，并让她们接受西式教育，这两个女孩的命运大概与大多数中国普通

笔者母亲在九江卫校读书，(第一排左三)

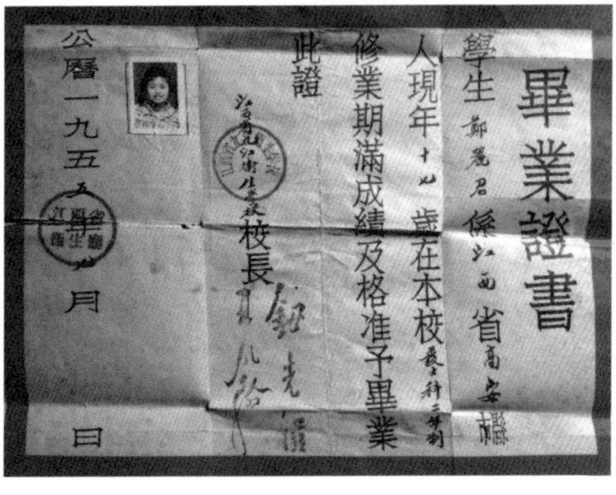

笔者母亲郑丽君的毕业证书

女性一样，默默无闻终其一生，她们如何可能漂洋过海，留学密大呢？正如梁启超所言：“则至今必蚩蚩然愦愦然戢戢然，与常女无异，乌知有学，乌知有天下。”如此一来，我母亲也不可能就读九江卫校，成为一名出色的护士。一些事件的因果在不可预测的时空中如大树盘根错节，个人与他者、前辈与后代的命运交织在一起，偶然与必然的汇合如隐若现，似乎有一只无形之手，在塑造着历史的走向和个人的命运。

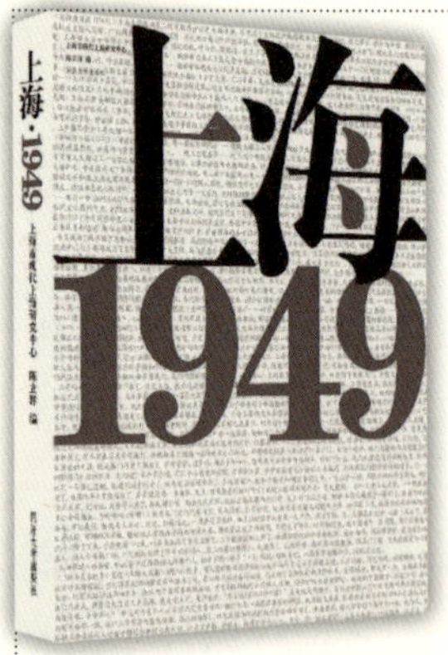

《上海 •1949》

ISBN 978-7-5608-8702-9

352p，170mm × 213mm

定价：70.00 元

近 40 万字，44 幅历史照片，24 幅插图，首度公开部分珍稀史料，包括部分日记。

七十年前的那一刻，极大改变了现代中国的历史进程，成为 20 世纪东亚历史的转折点，深刻影响了 20 世纪世界历史的走向。旧时代的结束，新时代的开始，这样一个翻天覆地的变化，值得记录下来。

几十位亲历者的回忆（日记），从民间视角呈现上海这座城市 1949 年的巨变，从社会生活的角度，记录七十年前的巨变对普通人生活的影响，留下鲜活的历史切片。

《1949• 影像上海》

ISBN 978-7-5608-8703-6

288p，215mm × 280mm

定价：280.00 元

定格历史瞬间的 260 余幅照片，呈现 1949 年上海各阶层人士的社会生活轨迹，既有反映重大历史事件的场景，又有对普通民众个体的观照，反映七十年前这座城市剧变的状态，保留珍贵的城市记忆。

第一手的历史影像，绝大部分系首度公开发表。